Bernhard Bartholmes · HP Mayer

KARIBIK

Ein Paradies von oben

Delius Klasing Verlag

Außerdem sind in dieser Reihe folgende Bände erschienen:
»Mallorca – Häfen und Küsten von oben«
»Korsika – Sardinien – Elba – Häfen und Küsten von oben«
»Kroatien – Mit Slowenien – Häfen und Küsten von oben«

Von Bernhard Bartholmes sind darüber hinaus bei Edition Maritim im Delius Klasing Verlag folgende Titel erschienen:
»Segeln in der Karibik 1: Von Martinique bis Grenada · Mit Tobago«
»Segeln in der Karibik 2: Anguilla bis Dominica«
»Segeln in der Karibik 3: Virgin Islands«
»Die Balearen«
Zusammen mit HP Mayer ist erschienen:
»Küstenhandbuch Kuba: Der Süden mit Havanna«

Bibliografische Information der Deutschen Nationalbibliothek
Die Deutsche Nationalbibliothek verzeichnet diese Publikation in der
Deutschen Nationalbibliografie; detaillierte bibliografische
Daten sind im Internet über http://dnb.d-nb.de abrufbar.

1. Auflage
ISBN 978-3-7688-2634-1
© by Delius, Klasing & Co. KG, Bielefeld

Fotos: Bernhard Bartholmes und HP Mayer
bis auf
Fremdenverkehrsamt Puerto Rico: S. 10, 13 o.
Fremdenverkehrsamt St. Lucia: S. 124 o.
David Lea: S. 72/73
Jean-Marc Lecerf: S. 96 u.
Karte »Die Kleinen Antillen« S. 6: Bernhard Bartholmes
Schutzumschlaggestaltung: Buchholz/Hinsch/Hensinger, Hamburg
Titelfoto: Isla Palominitos/Spanish Virgin Islands
Rückseitenfotos: English Harbour (o.)/Antigua und Salt Whistle Bay/Mayreau
Layout und Lithografie: scanlitho.teams, Bielefeld
Druck: Kunst- und Werbedruck, Bad Oeynhausen
Printed in Germany 2009

Alle Rechte vorbehalten! Ohne ausdrückliche Erlaubnis des Verlages
darf das Werk, auch nicht Teile daraus, weder reproduziert,
übertragen noch kopiert werden, wie z. B. manuell
oder mithilfe elektronischer und mechanischer Systeme
inklusive Fotokopieren, Bandaufzeichnung und Datenspeicherung.

Delius Klasing Verlag, Siekerwall 21, D-33602 Bielefeld
Tel.: 0521/559-0, Fax: 0521/559-115
E-Mail: info@delius-klasing.de · www.delius-klasing.de

Inhalt

EINFÜHRUNG 7

PUERTO RICO – EINGANG ZUM PARADIES 11

DIE KLEINEN SCHWESTERINSELN NEBENAN 15

DIE JUNGFERNINSELN – DER SANFTE NORDEN . . 16

DIE AMERIKANISCHEN JUNGFERNINSELN –
FÜR EINE HANDVOLL DOLLAR 20
    St. Thomas 24
    St. John 29
    St. Croix 31

BRITISCHE JUNGFERNINSELN –
DIE INSELN IM PARADIES DER KÖNIGIN 32
    Tortola 38
    Norman Island – die Schatzinsel 41
    Peter Island 43
    Salt Island 43
    Marina Cay 44
    Jost Van Dyke 44
    Virgin Gorda 50
    Necker Island 51

DIE LEEWARD ISLANDS –
DIE INSELN DER KONTRASTE 54
    Anguilla 58

SINT MAARTEN UND SAINT MARTIN –
ZWEI STAATEN AUF EINER INSEL 60
    St. Barthélemy – St. Tropez der Karibik 69

SABA, NEVIS, ST. EUSTATIUS UND ST. KITTS –
EINFACH UND KARIBISCH 72
    Montserrat 75

ANTIGUA UND BARBUDA –
365 STRÄNDE UND EIN SEEHELD 76

GUADELOUPE –
INSEL DES SCHÖNEN WASSERS 88

ÎLES DES SAINTES –
DIE INSELN DER HEILIGEN 98

DOMINICA – NATUR PUR 106

DIE WINDWARD ISLANDS –
DER URTÜMLICHE SÜDEN 112
    Martinique – Schaufenster Frankreichs 119

ST. LUCIA –
DIE SCHÖNE HELENA DER KARIBIK 122

ST. VINCENT UND DIE GRENADINEN –
DIE ANDERE KARIBIK 128
    Bequia 132
    Palm Island 132
    Mayreau: ein Dorf und drei Kneipen 133
    Union Island 133

DIE TOBAGO CAYS –
GESCHENKE DER NATUR 134
    Petit St. Vincent 135

GRENADA – DIE GEWÜRZINSEL 136
    Grenadas Südküste 141

ALLGEMEINE INFORMATIONEN
UND HINWEISE 143

REGISTER 144

EINFÜHRUNG

Mächtige Regenwälder, ein kristallklarer Bach, der dem Meer zuströmte, und riesige unbekannte Früchte, unter deren Last sich die Zweige der Bäume bogen, sprangen mir ins Auge – als Christoph Kolumbus die Karibik auf seinem Weg über den Atlantik gen Indien im Jahre 1492 entdeckte, fand er ein neues, atemberaubend schönes Land vor. Die faszinierenden Eintragungen in seinem Bordbuch bezeugen die Schönheit der Inseln und deren Bewohner, die »nackend, wie Gott sie schuf« seine Männer voller Gastfreundschaft empfingen.

Die Autoren dieses Buches bereisen dieses Paradies zwischen den Virgin Islands und Grenada seit über 30 Jahren. In ihrem neuen Werk haben sie die Inseln der Kleinen Antillen auf dem Luftweg noch einmal entdeckt. Die vielen Bilder, interessanten Geschichten und hilfreichen Informationen dienen als idealer Reisebegleiter für Kreuzfahrer, Segler oder auch Pauschaltouristen. Traumhafte Buchten mit weißen Sandstränden, von Palmen umsäumt, mit zum Teil noch aktiven Vulkanen, grünen Regenwäldern und Schiffen in allen Größen entfalten in Verbindung mit dem östlichen, rauen Atlantik und dem westlich gelegenen, ruhigeren Karibischen Meer wunderbare Bildmotive.

Im englischen Sprachgebrauch wird der Bereich der Kleinen Antillen wie folgt gegliedert: die Virgin Islands als zusammenhängende Inselgruppe, die Leeward Islands von Anguilla bis Dominica und die Windward Islands weiter im Süden von Martinique bis Grenada. Landschaftlich findet man hier große Gegensätze. Keine Insel gleicht der anderen und jede vermittelt eine neue Grundstimmung. Die hohen Vulkaninseln sind mit immergrünen Regenwäldern überzogen, auf den flachen Koralleninseln findet man kilometerlange Strände aus schneeweißem Korallensand.

Die Kleinen Antillen sind eine Ansammlung kleiner, teils selbstständiger Staaten mit einer Vielzahl von Völkergemeinschaften und politischen Strukturen. Auf den rund 600 Seemeilen von Nord nach Süd pendelt man zwischen den USA und Teilen des Commonwealth, findet niederländische Inseln, Teile des französischen Mutterlandes (»Départements d'Outre-Mer«) und im Süden einige Bonsai-Staaten mit selbstständigen Regierungen, die allerdings noch immer stark von England abhängen. Die einzige politisch wirklich unabhängige Insel ist Dominica.

Der ständig wehende Passatwind macht das Klima so angenehm, die Tagestemperaturen sind das ganze Jahr über konstant und betragen im Jahresmittel 26,7 Grad Celsius, 33 Grad bei Tag sind schon das Höchste der Gefühle. Ein ewiger Sommer. Was uns Europäer überrascht, ist die Tatsa-

Ein Blick auf San Juan mit dem an das große Vorbild in Washington erinnernden »Capitolio«. In dem von einer Kuppel gekrönten Kapitol sitzt das Zweikammerparlament Puerto Ricos, es bildet das Zentrum für viele Regierungsgebäude in der Umgebung. Im Hintergrund liegt der Hafen von San Juan.

che, dass jeder Tag gleich kurz beziehungsweise gleich lang ist. Die Sonne geht etwa um 6 Uhr auf und um 18 Uhr wieder unter.

»Karibik – Ein Paradies von oben« gibt aber auch einen Überblick der Marinas, wichtiger Ankerplätze und einiger Passagen, deren besondere Schwierigkeiten aus der Luft gut zu erkennen sind. Somit ergänzt die vorliegende Ausgabe die beliebte Nautische Reiseführer-Serie »Segeln in der Karibik«, bei Edition Maritim, Hamburg, erschienen.

Zum Abschluss, und bevor wir Sie den Bildern der Karibik überlassen, noch ein paar technische Anmerkungen: Das tropische Klima der Antillen ist für den Urlauber außerhalb der Hurrikanzeit immer ein Genuss. Für den Fotografen bedeutet die hohe Luftfeuchtigkeit gepaart mit Dunst und fehlender Fernsicht allerdings eine erhöhte Schwierigkeit. Im Bereich der bergigen Inseln sind plötzliche tropische Regengüsse mit extremer Sichtverschlechterung keine Seltenheit. Zudem werden in der Karibik Lufträume teilweise für den privaten Flugverkehr gesperrt, das eine oder andere Motiv könnten Sie aus diesen Gründen vermissen.

Dennoch, oder gerade deshalb, ist dieser Bildband für Karibikfans und Erstbesucher, für Freunde schöner Bilder und Farben genauso wie für die Seefahrer des 21. Jahrhunderts bestens geeignet. Viel Spaß beim »Flug über die Kleinen Antillen«.

PUERTO RICO – EINGANG ZUM PARADIES

Mehr als in anderen Städten der Karibik wird das Stadtbild San Juans von gewaltigen Festungsanlagen beherrscht. Im Vordergrund sieht man die um 1540 erbaute »Fuerte San Felipe del Morro«, eine massive Festungsanlage in der Altstadt San Juans und eines der ältesten Forts in Nord- und Südamerika. Die Bauarbeiten begannen 1540 und dauerten 250 Jahre bis zur Vollendung. Seit 1949 ist das Fort ein US-Nationalpark (linke Seite).

Auf dem Weg von Norden nach Süden zu den Kleinen Antillen muss man beinahe zwangsläufig von Puerto Rico aus starten. Nahezu jedes Kreuzfahrtschiff macht im Hafen der Hauptstadt San Juan fest, der Flughafen der Metropole ist das wichtigste Drehkreuz für den amerikanischen und karibischen Luftverkehr.

Betritt man die Insel, entdeckt man einerseits an vielen Ecken die spanischen Wurzeln der Eroberer, auf der anderen Seite ist der große Einfluss der USA und der Industrialisierung überall erkennbar. Maurisch-spanische Architektur mischt sich mit amerikanischen Hochhausbauten, Zuckerrohrplantagen liegen neben großen Industrieanlagen und traditionelle Musik erklingt parallel zu modernen Hip-Hop-Songs.

Die südlichste Insel der Großen Antillen ist auch in anderer Hinsicht ein Land der Gegensätze. Einerseits gehört sie als autonomer Bundesstaat politisch seit 1952 zu den USA, andererseits dürfen die Bürger trotz ihres US-amerikanischen Passes die amerikanischen Präsidentschaftswahlen nur im Fernsehen verfolgen.

Die kulturhistorischen Bindungen zur früheren Kolonialmacht Spanien blieben weitgehend erhalten. Die rund vier Millionen Amerikaner auf der Insel sprechen im täglichen Leben fast alle Spanisch als Muttersprache mit eigenem Akzent. Dagegen wird an den Universitäten der Insel Englisch gesprochen. Die Folge ist ein großer Zureisestrom von US-amerikanischen Studenten, die angenehmes Klima, Urlaubsstimmung und Lehrreiches miteinander verbinden möchten. Mit 9000 Quadratkilometern Fläche ist das hügelige Puerto Rico ebenso groß wie die Mittelmeerinsel Korsika, hat aber fast 20-mal so viele Einwohner. Rund 1,2 Millionen Menschen leben allein rund um die dicht besiedelte Hauptstadt San Juan. In den kleinen Wüstenregionen und Regenwäldern findet man immer noch ruhige und menschenleere Abschnitte.

Ein vernichtender Wirbelsturm zerstörte die Marina Puerto del Rey der Bahia Demajagua völlig. Die neu errichtete Mega-Marina bietet jetzt Platz für 1200 Yachten mit bis zu 95 Metern Länge und Serviceeinrichtungen nach amerikanischem Standard (oben).

Der Inselwinzling in der Fajardo Bay vor Puerto Rico bietet gerade mal Platz für zwei Wohnblocks und die hochmoderne Isleta Marina. Von hier ist es nicht weit bis zu den Spanish Virgin Islands auf dem Weg zu den benachbarten US Virgin Islands.

Mit der sogenannten »Operation Bootstrap« wurde die Wirtschaft nach dem Zweiten Weltkrieg angekurbelt. Der bis heute ausschlaggebende Vorteil für Investoren: Die Insel gehört zwar zum US-amerikanischen Zollgebiet, nicht aber zur Steuerhoheit des großen Nachbarn. Günstige Löhne beschleunigen zudem die Entwicklung, stoßen allerdings naturgemäß bei der Bevölkerung auch auf Ablehnung.

Parallel zum wirtschaftlichen Aufschwung zog der Tourismus ein. Nicht nur die Schönheiten der Karibikinsel locken jährlich drei bis vier Millionen Gäste an, allein eine Million davon auf Kreuzfahrtschiffen.

Mindestens genauso verlockend sind die Möglichkeiten des zollfreien Einkaufs in den vielen Geschäften der Stadt. Der Großteil der Touristen sind Amerikaner, die, vor allem seit dem Wegfall Havannas als Reiseziel Nummer eins in den 1960er-Jahren, San Juan als Nahziel entdeckt haben.

Erst seit 1952 darf die Flagge Puerto Ricos (Bildmitte) neben dem Sternenbanner gehisst werden. Bis dahin galt sie als Symbol der illegalen Befreiungsbewegung. Die Revolutionäre Kubanische Partei wählte 1894 den Entwurf von Francisco Gonzalo Marin, der sehr stark an die Flagge Kubas erinnert. Dabei soll Rot das Blut der mutigen Männer, Weiß den Sieg und den Frieden und Blau den Himmel und das Meer, das die Insel Puerto Rico umgibt, symbolisieren. Der Stern steht für die Einheit der Nation, das Dreieck für die Dreiteilung staatlicher Gewalt (links).

Puerto Rico hat mehr zu bieten als das Postkartenimage mit zauberhaften Inseln, weißen Stränden und karibisch-amerikanisches Lebensgefühl. Die Hauptstadt San Juan verfügt als Drehscheibe für Kreuzfahrtschiffe im Pendelverkehr zu den Antilleninseln über einen der wichtigsten Häfen der Karibik (oben).

Der Ankerplatz vor Palominitos begeistert mit einem Farbenspektrum, wie man es sich schöner nicht vorstellen kann. Hier eine kleine Anmerkung zu einer altbewährten Navigationshilfe: Die amerikanische Bezeichnung »eye ball navigation« (Augapfelnavigation), also das Abschätzen der Wassertiefen nach Farben wie im menschlichen Auge, ist ein fester Bestandteil bei der Navigation in den Tropen. Wasser in Türkis bis Hellblau steht für Ankerbereich, blaues Wasser ist befahrbar und braune Stellen markieren flaches Wasser mit Korallenriffen und somit Gefahren für das Schiff.

Ein wenig besuchter Ankerplatz ist die Bahia de Sardinas auf der ehemaligen Seeräuberinsel Culebra. Der Ort Dewey (Bildmitte) ist von hier aus mit dem Beiboot durch eine enge Passage erreichbar. Der Flughafen ist nur eine »Landepiste« für Inselhopper und liegt gleich neben dem Ort (ganz unten).

Ankerplatz an der Südküste der Insel Viques. Wer die Einsamkeit sucht, liegt hier goldrichtig. Die Insel und Küstenabschnitte waren lange Zeit Übungsgebiete der US Navy und für Yachten »off-limit«. Heute ist die Marine verschwunden, und es herrschen wieder Ruhe und Natur pur (unten).

DIE KLEINEN SCHWESTER-INSELN NEBENAN

Etwas im Verborgenen liegen zwischen Puerto Rico und St. Thomas die Spanish Virgin Islands, eine Gruppe von 22 Inseln mit den drei bekanntesten Eilanden Culebra, Fajardo und Vieques. Das Revier mit traumhaft schönen Ankerplätzen und einer guten maritimen Infrastruktur liegt außerhalb der »Yacht-Trampelpfade«. Wer die Abgeschiedenheit sucht, kommt hier voll auf seine Kosten.

»Nicht jeder Schatz besteht aus Silber und Gold ...«
(Jack Sparrow, Figur aus dem Film »Fluch der Karibik«)

DIE JUNGFERNINSELN – DER SANFTE NORDEN

Waterlemon Bay an der Nordküste von St. John – nur eine der vielen bezaubernden Ankerbuchten zum Verweilen und Träumen (vorhergehende Doppelseite).

Charlotte Amalie auf St. Thomas, die Hauptstadt der Amerikanischen Jungferninseln, mit dem Tiefwasserhafen vor der Stadt ist das größte zollfreie Einkaufsparadies der Karibik. Täglich entlassen die Kreuzfahrtschiffe Tausende Passagiere in die klimatisierten Läden von Gucci, Prada, Versace, Rolex & Co. entlang der Main Street. Auch zu Wasser herrscht ein geschäftiger Betrieb mit vielen Fähren, Wasserflugzeugen, Frachtschiffen und Yachten (oben).

Ein Naturschauspiel: The Baths auf Virgin Gorda (rechte Seite).

Knapp 100 Kilometer östlich von Puerto Rico liegen die über 100 kleinen Inseln und aus dem Meer ragenden Felsen der Virgin Islands. Schon beim Anflug entfaltet sich die ganze Schönheit: Grüne Inseln, so weit das Auge reicht, schmale, helle Sandstrände, von Palmen gesäumt, und ein größtenteils flaches, türkisfarbenes Meer dazwischen verzaubern den Betrachter. Vor allem Nordamerikaner entfliehen im Winter ihrer kalten Heimat und legen sich für einen kurzen Aufenthalt in die »Badewanne der Amerikaner«. Die pittoreske Gruppe der Jungferninseln besteht aus zwei Hoheitsgebieten, dem amerikanischen und dem britischen Teil, und ist zusammen kleiner als die Mittelmeerinsel Ibiza. Beide Teile haben eines gemeinsam: Die amtliche Währung ist der amerikanische Dollar und das Verkehrssystem ist der britische Linksverkehr. Die enge Verbundenheit beider Staaten wird auch deutlich auf den Briefmarken – sie ziert das Porträt der englischen Königin Elizabeth II. – sowie durch den Wert in US-Dollar. Nachdem die USA ihren Bürgern die Einreise nach Kuba untersagt haben, besuchen jährlich mehr als zwei Millionen US-Amerikaner die Virgin Islands. Ihr Einfluss ist überall sichtbar: amerikanische Fast-Food-Ketten, amerikanische Marken im Supermarkt, amerikanische Hotels, und auch die Preise sind auf amerikanischem Niveau. Alles in allem ist es hier nicht mehr so karibisch wie auf vielen der südlicheren Inseln der Kleinen Antillen.

Die größtenteils aus den USA kommenden Urlauber schätzen dennoch, oder gerade deswegen, den hohen Erholungswert der Jungferninseln, nutzen die attraktiven Möglichkeiten des zollfreien Einkaufs mit US-Dollar und freuen sich, viele Landsleute zu treffen, die sich hier eine Existenz aufgebaut haben. Für Briten und alle anderen Europäer bleiben die Jungferninseln ein exotisches Reiseziel – allein die umständliche Flugverbindung mit mindestens zwei Zwischenstopps schreckt ab.

KÖLN UND DIE JUNGFERNINSELN

Was haben die Jungferninseln mit der Stadt am Rhein zu tun? Christoph Kolumbus benannte die Inselgruppe nach der heiligen Ursula und ihren 11 000 Jungfrauen – auf Spanisch »Santa Ursula y las Once Mil Virgines«, die der Sage nach im 4. Jahrhundert zusammen mit ihren Weggefährtinnen von den Hunnen bei Köln ermordet wurde. Angeblich – so liest man bei Marco Polo – erinnerte ihn die große Anzahl der unberührt vor ihm liegenden Eilande an die vielen Jungfrauen.

Historische Beweise für die Existenz der angeblichen Königstochter aus der Bretagne gibt es nicht. Dennoch existieren europaweit Hunderte Denkmäler, Inschriften und Kreuze, die kleine Hinweise liefern. So soll der heidnische Königssohn Aetherius von England um die Hand der schönen Ursula angehalten haben. Sie willigte ein, stellte aber drei Bedingungen: Ihr zukünftiger Ehemann müsse sich innerhalb von drei Jahren taufen lassen, eine Schar von 11 000 Jungfrauen solle zusammengestellt werden und in den Jahren bis zur Taufe eine ebenso lange Wallfahrt nach Rom unternommen werden. Bei ihrer Rückkehr hatten die wilden Hunnen Köln belagert und töteten alle Pilger, die in die Stadt wollten. So auch alle Jungfrauen und die sie begleitenden Bischöfe und Kardinäle. Ursula wurde dank ihrer Schönheit zunächst verschont, besiegelte ihr persönliches Schicksal aber selbst, als sie den Vermählungswunsch des Hunnenprinzen ablehnte. Ein tödlicher Pfeilschuss machte sie zur Märtyrerin. In der Domstadt erinnert die St.-Ursula-Kirche an die Heilige, die auf den Britischen Jungferninseln mit einem Feiertag (»St. Ursula's Day«) jedes Jahr am 21. Oktober geehrt wird.

Das Wyndham Sugar Bay Resort auf St. Thomas ist nicht nur aufgrund seiner Lage und der schönen Aussicht eines der angesagten Hotels der Virgin Islands. Der einzigartige Wellnessbereich wurde mehrfach ausgezeichnet, und der benachbarte Golfplatz liegt mitten in einem sehenswerten Mahagoniwäldchen (oben).

Das Marriott Frenchman's Reef Hotel auf Muhlenfels Point, an der Einfahrt zum Hafen gelegen, gehört zu den ersten Adressen auf St. Thomas. Mit 479 Zimmern ist die mehrfach preisgekrönte Anlage auch das größte Urlaubsresort auf der Insel (rechts).

DIE AMERIKANISCHEN JUNGFERNINSELN – FÜR EINE HANDVOLL DOLLAR

Um Seestützpunkte der deutschen Kriegsmarine in der Karibik zu verhindern, kauften die USA der dänischen Krone 1917 die Inselgruppe für gerade mal 25 Millionen Dollar ab. Seitdem gehört der westliche Teil der Virgin Islands mit den Hauptinseln St. Croix, St. Thomas und St. John zum Territorium der Vereinigten Staaten – für US-Bürger heute eine willkommene Tatsache, können sie doch problemlos ein- und ausreisen, mit Dollar bezahlen und so auch spontan mal einen Kurzurlaub genießen. Direkte Flugverbindungen bestehen ab New York, Washington, Miami und San Juan.

So verwundert es nicht, dass Amerikaner besonders an Wochenenden den Cyril-E.-King-Flughafen von

Die Landschaft um die Hawksnest Bay auf St. John diente als Kulisse für viele Hollywood-Filme, u. a. »Vier Jahreszeiten« (1981) mit und von Alan Alda. Hier ein Ankerplatz wie aus dem Bilderbuch, dahinter die Caneel Bay (oben).

Viele Amerikaner flüchten aus dem kalten Norden der USA und verbringen die Wintermonate in der Karibik. Sie genießen das warme Klima in ihrer Eigentumswohnung in der Cowpet Bay, legen ihre Yacht in der belebten Bucht vor Anker und treffen sich im exklusiven St. Thomas Yacht Club (links).

Der spektakulärste Ankerplatz vor St. Thomas liegt im Flachwasser der Benner Bay Lagoon und ist umgeben von im Riff eingebetteten Mangroveninselchen. Die Einsteuerung in die Riffpassagen ist nur mit entsprechender Ortskenntnis zu empfehlen. Der Lagunenbereich ist ein Rückzugsgebiet für freiheitssuchende Segler auf ihrem Weg durch die Weltmeere (linke Seite).

Mangroven sind die Kinderstube vieler Fischarten und bieten einen natürlichen Schutz der Küsten vor den Auswirkungen der Wirbelstürme. Hier kann man als Segler aber auch zwischen den Landzungen farbenfrohe Naturbilder, herrliche Riffe und atemberaubende Stille genießen (unten).

Die Passage Current Hole ist zwischen St. James Island und dem Felsen in der Mitte nur etwa 100 Meter breit. Der Name sagt es schon: Innerhalb der Durchfahrt können die Gezeitenströme bis zu vier Knoten Stärke erreichen, und vom Tiefwasserrevier kommend, hat man plötzlich nur noch fünf Meter Wasser unter dem Kiel.

Der Ankerplatz Christmas Cove an der Westseite von St. James Island bietet sich auf dem Schlag Richtung St. John und Britische Jungferninseln an. Man ankert geschützt auf der Leeseite von St. James und außerhalb des Gezeitenstromes von Current Hole, der Passage in Richtung British Virgin Islands. Das Saumriff um das Inselchen Fish Cay lädt mit vielen bunten Fischen zum Schnorcheln ein (oben).

St. Thomas »überrollen«, die Duty-free-Shops in der Hauptstadt Charlotte Amalie belagern und die Hotelstrände rund um das 80 Quadratkilometer große Eiland übervölkern. Es sei denn, um den Dollar steht es gerade schlecht. Kaum eine Stadt dürfte von den Schwankungen der US-Wirtschaft mehr betroffen sein als die 48 000 Einwohner zählende Karibikmetropole mit ihren kleinen Gassen und unzähligen Uhren-, Schmuck- und Technikgeschäften. Der zollfreie Einkauf und die großen Steuererleichterungen für Investoren haben die Entwicklung der Insel maßgeblich beeinflusst. Wie auf keiner anderen Karibikinsel findet man hier Bürohochhäuser, Filialen von Großkonzernen, Banken und eine Markenwelt wie in der Fußgängerzone einer Großstadt.

St. Thomas

St. Thomas ist das Tor zu den Amerikanischen Jungferninseln und dem Inselbogen der Kleinen Antillen. Von hier aus beginnt das »Inselhüpfen« mit kleinen Propellermaschinen der innerkaribischen Fluggesellschaften zu den Inseln im Antillenbogen bis hinunter nach Trinidad. Wasserflug-

Der geschäftige American Yacht Harbor liegt in der Vessup Bay im Osten von St. Thomas. Der Hafen, im Volksmund auch Red Hook genannt, hat nur knapp 100 Liegeplätze, aber ein komplettes Serviceangebot und erstklassige Versorgungseinrichtungen. Im Stundentakt gibt es von hier aus einen Fährservice mit dem Schnellboot hinüber nach Cruz Bay auf St. John (unten).

zeuge und ein regelmäßiger Fährservice von Charlotte Amalie aus stellen die Verbindungen zu den nahe gelegenen Britischen Jungferninseln, San Juan auf Puerto Rico und St. Croix her.

Wer im Tageslicht anfliegt, erkennt die hügelige Landschaft der 83 Quadratkilometer großen Insel, die kaum größer ist als der Starnberger See, mit 650 Menschen pro Quadratkilometer aber die dichteste Besiedelung der gesamten Kleinen Antillen aufweist. Dem St. Thomas Harbor fällt seit Piratenzeiten eine Schlüsselposition zu. In der Kolonialzeit war die Bucht vor Charlotte Amalie Handelsdrehscheibe zwischen Europa, Afrika und Westindien, und auf dem heutigen Market Square wurden damals Sklaven genauso gehandelt wie Zucker.

Heute geht es hier zivilisierter zu, dennoch bleibt die zollfreie Insel ein bedeutender Umschlagplatz. Direkt neben der Westindian Pier, an der täglich bis zu drei Kreuzfahrtschiffe anlegen, liegt der Yachthafen in der Long Bay mit einer brandneuen Marina, die keine Wünsche offenlässt. Die Inselregierung kennt die Bedürfnisse der Gäste und nutzt den Tiefwasserhafen vor der Stadt als verlässlich sprudelnde Einnahmequelle.

Die Cruz Bay auf St. John ist ein belebter Fährhafen und ständig überbelegt. Yachten können hier nur kurze Liegezeiten zum Klarieren und zur Versorgung einplanen. Der gleichnamige Ort um die Naturbucht ist ein kleines karibisches Nest mit knapp 3000 Seelen, Geschäftszentrum der Insel und auch Verwaltungssitz der Nationalpark-Behörde: Von den British Virgin Islands kommend, ist er der erste und einzige Ort auf St. John, an dem Yachten in die USA einklarieren beziehungsweise in Richtung zu den Britischen Jungferninseln ausklarieren können.

Diese für die Karibik typische Riffformation mit einem kurzen Übergang vom tiefen Wasser zu den aus der Wasseroberfläche herausragenden Felsbrocken bietet ein Lehrbuch-Beispiel für die »Augapfelnavigation« mit den Grundfarben Blau, Türkis und Braun für unterschiedliche Wassertiefen.

Bei Überfüllung des American Yacht Harbor auf St. Thomas ankert man in der Bucht nebenan oder man verholt auf den Ankerplatz in der Muller Bay oben rechts im Bild.

Die Trunk Bay ist wie die anderen Buchten entlang der Nordwestküste von St. John weit offen. An einer der vielen Bojen kann man festmachen, und schon gehört einem das Schnorchelrevier um die kleine Insel und der Sandstrand fast allein. Zum besseren Kennenlernen der Korallenwelt hat der National Park Service einen Unterwasser-Lehrpfad für Schnorchelanfänger eingerichtet. Sehenswert!

St. John

Nur einen Katzensprung entfernt auf der Nachbarinsel St. John finden vor allem Segler und Wanderer noch ein Paradies. Ohne internationalen Flughafen hat sich St. John das erhalten, was nicht nur seine 3500 Einwohner schätzen: Natürlichkeit. Dies verdankt die mit einsamen Buchten gespickte, 51 Quadratkilometer große Insel nicht zuletzt der Industriellenfamilie Rockefeller, die in den 1950er-Jahren etwa die Hälfte der Insel in ihren Besitz brachte und den Großteil davon 1956 für einen Nationalpark spendete. Er bedeckt heute rund drei Viertel der Fläche von St. John und den küstennahen Gewässern. Neben den Seglern besuchen vor allem Wanderer und Taucher den Virgin Island National Park. Bei den zahlreichen Yachten bleibt der Anker

Nur einen Steinwurf entfernt liegt die nächste Traumbucht: Wasser rundherum, klar wie ein Gin Tonic im Glas, ein Palmenstrand zum Relaxen und neun sichere Bojen zum Festmachen. Welche Gegensätze zu den überfüllten Ankerbuchten auf den Balearen!

Annaberg ist der einzige deutsche Name auf den amtlichen Seekarten der karibischen Region, der seit 1780 bis zur heutigen Zeit erhalten blieb. Der aus dem gleichnamigen Städtchen im Erzgebirge stammende Plantagenbesitzer und Zuckerfabrikant William Gottschall wanderte hierhin aus und gab dem Berg den Namen seiner Heimatstadt. Seine »Annaberg Sugar Mill« war eine der 25 Zuckerfabriken auf St. John.

Auf verschlungenen Wegen fährt oder wandert man über St. John zum East End und weiter auf Eselspfaden zur Ruine Annaberg Sugar Mill. Hier liegt ein wahres Stück Natur mitten im von Rockefeller initiierten Naturpark mit türkisfarbenen und blauen Buchten und grünen Hügeln (unten).

Die Marinas in der Benner Bay auf St. Thomas liegen im modrigen, flachen Wasser der gleichnamigen Lagune, dafür aber bestens geschützt gegen alle Winde und Seegang. Das Einsteuern mit der Yacht zwischen Mangroveninseln und Riffen hindurch ist nicht ganz einfach (ganz unten).

im Kasten, festgemacht wird an Bojen, die in den Buchten von der Naturschutzbehörde National Park Service (NPS) ausgelegt wurden. Der Service für das Festmachen ist kostenlos, die Liegezeitdauer ist jedoch begrenzt.

St. Croix

Etwas abseits vom Antillenbogen gelegen, hat St. Croix den Ruf eines karibischen Vorortes. Die Insel liegt nur 33 Seemeilen südlich von St. Thomas und St. John, außerhalb der Yacht- und Kreuzfahrtrouten. Der Hauptort Christiansted und die Green Cay Marina liegen an der Nordküste und je nach Jahreszeit in Luv. Aufgrund der dadurch schwierigen Einsteuerungen werden sie von den Seglern nur wenig besucht.

»Ich komme Jahr für Jahr wieder, um barfuß am Strand entlangzulaufen ... Wenn ich meinen Morgenlauf hinter mir habe, springe ich ins Meer und genieße dann mein Frühstück mit Papaya und Mango, Käse und Eiern und dem schwarzen Kaffee.«
(Herbert Gold, Schriftsteller)

BRITISCHE JUNGFERNINSELN – DIE INSELN IM PARADIES DER KÖNIGIN

Steele Point, der westlichste Punkt von Tortola, ist eine gute Landmarke für die Einsteuerung in den Naturhafen Soper's Hole. Der gefürchtete Seeräuber Blackbeard baute in Piratenzeiten Soper's Hole zum Stützpunkt für seine Flotte aus und machte die Karibik unsicher (vorhergehende Doppelseite).

Fort Burt und Road Reef Marina liegen gleich am Eingang der riesigen Naturbucht Road Harbour auf Tortola. Die beiden kleineren Häfen bieten preiswerte Liegemöglichkeiten und mit einem Restaurant sowie einem Supermarkt im Komplex auch logistische Alternativen zu den größeren und teureren Marinas (unten).

Ihre Majestät, Queen Elizabeth II. von England, ist Oberhaupt der British Virgin Islands (»BVI«). Ein Gouverneur vertritt die Königin mit beschränkter innerer Autonomie. Doch wie bürokratisch klingt dieses politische Ergebnis der einst als Piratenzuflucht berüchtigten Trauminseln. Die 60 Inseln, von denen nur wenige bewohnt sind, bieten »Karibik pur«. Vom schönsten Strand White Bay auf Jost Van Dyke im Westen über die belebte Hauptinsel Tortola mit dem alles überragenden Mount Sage bis zu den »wie von Gottes Hand« auf die Erde geworfenen Felsen auf Virgin Gorda spannt die Inselgruppe ihren Bilderbogen. Früher vom britischen Innenministerium als »Hinterland des Empire« bezeichnet, hat der Bonsai-

Die kleine Marina in der Baugher Bay auf Tortola wurde schon mehrmals von Wirbelstürmen heimgesucht und völlig neu aufgebaut. Der schlanke Funkmast in der Bildmitte ist eine gute Landmarke für die Ansteuerung. An der Pier nebenan machen die Fähren zur Nachbarinsel Peter Island fest.

Der Landeinschnitt Maya Cove, im Volksmund auch Hodges Creek genannt, liegt versteckt hinter einem abgestorbenen Korallenriff auf Tortola. Hodge's Creek Marina ist die Basis einer deutschen Charterfirma. Dicht gedrängt liegen Cafés, Restaurants, ein Delikatessengeschäft und eine Tauchbasis nebeneinander.

Paraquita Bay auf Tortola ist das sicherste »Hurricane Hole« der BVI. Die Bucht ist völlig von Mangroven umgeben und nur durch die im Bild gut erkennbare, sehr enge Riffpassage erreichbar. Einmal drinnen, kann man an einer von der Regierung ausgelegten Bojen festmachen und in Ruhe den Hurrikanen trotzen (unten).

Soper's Hole Marina auf Tortola ist ein idealer Ort zum Auffüllen der Bordbestände. Die Open-Air-Bar des Pusser's Landing hat einen beibootgerechten Steg zum direkten Umsteigen vom Wasser auf den Barhocker (ganz unten).

Staat heute seinen großen Auftritt. Bis Ende des 20. Jahrhunderts schwoll der Fremdenverkehr auf den Inseln angesichts ihrer natürlichen Schönheiten etwas zu schnell an. Die Regierung lenkte ein und rief erfolgreich einen »behutsamen Tourismus« aus. Geschützte Meeres- und Landbereiche waren die Folge, der Bau neuer Hotelanlagen wurde deutlich reduziert. Die vorhandenen Anbieter und Resorts nutzten diese Situation und steigerten vor allem ihre eigene Qualität. So findet man auf den BVI mit die exklusivsten Hotels der Karibik und Privatinseln, die man für mehrere Tausend Dollar pro Tag für sich ganz allein mieten kann. Ganz entspannt, die Einheimischen sagen »laid-back«, sollte man eine Reise in den British Virgin Islands angehen, denn genau so sehen sich die Einwohner, deren Uhren – »It's island time« – anders gehen als andernorts. Diesen Reiz haben auch die Segler für sich entdeckt. Große Charterfirmen wie VPM Bestsail, The Moorings oder Sunsail unterhalten vor allem im Hafen der Hauptstadt Road Town und in benachbarten Marinas weit über Tausend Yachten. Dennoch sind die vielen Buchten selten überfüllt, Segelfreunde genießen die erstklassige Infrastruktur und den immer gleichen Passatwind im Sir-Francis-Drake-Kanal.

Wem es auf den Inseln gefällt, der bleibt einfach da oder nutzt die attraktiven Möglichkeiten des Offshore-Finanzmarktes. Das steuerfreie Betreiben einer Briefkastenfirma auf den BVI wird seit den 1980er-Jahren angeboten. Ein Geschäft, das mehr Firmen als Einwohner auf die Inseln brachte und etwa die Hälfte der Staatseinnahmen einbringt.

The Bright an der Nordküste von Norman Island: Eine gute Lage im Schutz der Berge. Das Wasser in der Bucht ist tief, hier bleibt der Anker im Kasten, die Bojen garantieren ein sicheres Liegen nach durchfeierter Nacht (oben).

Karibik pur: Ankerplatz im Norden Virgin Gordas vor dem Bitter End Yacht Club im Gorda Sound (rechte Seite).

Tortola

Auf dem Luftweg führt der Weg von Europa zu den Britischen Jungferninseln nur mit Zwischenstopps über St. Maarten oder San Juan und ab dort mit einem kleinen Inselhüpfer bis Beef Island. Der Flughafen liegt zwar auf dieser winzigen Insel, ist aber durch eine Brücke mit dem Festland verbunden. Der letzte Blick vor der Landung geht nach links zum 543 Meter hohen Mount Sage, der als höchste Erhebung in der Mitte der 20 Kilometer langen Hauptinsel der Britischen Jungferninseln thront. Tortola ist das wirtschaftliche und geografische Zentrum sowie kultureller Mittelpunkt der BVI. In der knapp 10000 Einwohner zählenden Hauptstadt Road Town legen auch die Kreuzfahrtschiffe an, kaufen Touristen Souvenirs und Einheimische ihren täglichen Bedarf. Läuft man im Zentrum die Main Street entlang oder über den kleinen Markt am Waterfront Drive, steigen einem die Düfte der einheimischen Gewürze in die Nase, die

SIR FRANCIS DRAKE, DER »PIRAT DER SIEBEN MEERE«

Bevor der erste bekannte englische Weltumsegler Sir Francis Drake die Karibik in Angst und Schrecken versetzte, begann der Pfarrerssohn mit 13 Jahren eine Ausbildung zum Seemann. Sein Vater hatte ihm das Lesen und Schreiben beigebracht, sein erster Kapitän die Navigation. Zu diesem Zeitpunkt geriet sein Heimatland England mit Spanien in Konflikt, Drake lernte als Matrose und später als Offizier den Kampf auf dem offenen Meer kennen. Sein persönlicher Hass gegen Spanien und dessen König Philipp II. wuchs mit jedem Einsatz.

In der Folge segelte Drake als Pirat mehrmals in die Karibik und brachte viele, vor allem spanische Schiffe auf. In Spottschriften machte er sich über deren Besatzungen lustig oder denunzierte die gegnerischen Männer mit allerlei Demütigungen. Der karibischen Reisen müde, segelte er ab 1577 drei Jahre um die Welt und hinterließ seine Spuren. Zahlreiche Orte tragen zu Ehren Sir Francis Drakes den Namen des Engländers. Als Auftragspirat der Königin lieferte er die erbeuteten Schätze an die Krone ab und wurde dafür von der Queen zum Ritter geadelt. Die Ruhr besiegte ihn auf seiner letzten Fahrt an Bord der DEFIANCE.

Die Wege sind kurz zwischen den 60 Inseln und Inselchen der British Virgins. Überall kann man das blaue und türkisfarbene Wasser, reizvolle Riffe und kleine Strände, wie hier im Great Harbour von Peter Island, genießen (unten).

In der weit offenen Bucht Great Harbour gibt es keine Hafenanlagen, aber einen traumhaften Ankerplatz und Bojen zum Festmachen in türkisfarbenem Wasser. Das »Callaloo at the Beach«-Restaurant im westlichen Teil der großen Bucht ist der ideale Ort für den Sundowner am späten Nachmittag (links).

Das Meer um Pelican Island mit den vier nadelspitzen Felsen The Indians ist ausgewiesenes Naturschutzgebiet. Schnorchler fühlen sich beim Blick durch die Taucherbrille in ein Aquarium mit einer Unzahl von Getier, das im Wasser schwimmt und krabbelt, versetzt (rechts).

man auf den kleinen Märkten bekommt. Rund um die Insel führt auch eine Straße zu den vielen kleinen und größeren Buchten, Sandstränden, Hotels und Ferienanlagen. An mehreren Stellen zweigt die Straße ins Landesinnere ab und führt über Serpentinen hinauf zum Naturpark des Mount Sage. Wer einen der vielen wolkenlosen Tage erwischt, hat vom Gipfel eine atemberaubende

In der Sprat Bay liegt das exklusive Peter Island Resort & Yacht Harbour, ein Luxus-Resort mit 52 Zimmern, Tennisplätzen, Tauchbasis und einer kleinen Hafenanlage. Die Marina bietet allen erdenklichen Service für anspruchsvolle Kunden. Zum nahe gelegenen Strand in der Deadman's Bay nebenan ist es nur ein kurzer Weg (unten).

600 Meter weißer Strand, gesäumt mit Palmen in der Deadman's Bay. Nur ein kleines, zum Peter Island Resort gehörendes Open-Air-Restaurant am Strand bietet etwas für zwischendurch (ganz unten).

Weitsicht über die Jungferninseln. Seinen Namen erhielt Tortola im 17. Jahrhundert, als niederländische Siedler Road Town gründeten und sich an die Halbinsel »Eiland ter Tholen« in ihrer Heimat erinnert fühlten. Die Vermutung, der Name stamme aus dem Spanischen, scheitert dagegen, denn echte »Turteltauben« (Übersetzung von »tórtola«) sucht man hier vergebens.

Norman Island – die Schatzinsel

Die mit vielen Legenden umwobene, zweieinhalb Seemeilen lange Insel soll dem Schriftsteller Robert Louis Stevenson als Vorlage für seine »Schatzinsel« gedient haben. Die Höhlen am Eingang der beliebten Ankerbucht »The Bight« laden zwar zum Verstecken ein, doch weitere Hinweise zu Norman Island, dem ehemaligen Piratennest, findet man in dem berühmten Roman nicht.

Seit der Piratenzeit rankt sich um die unbewohnte Insel dennoch der Mythos verborgener Schätze. Am 23. Dezember 1750 wurde hier das vergrabene Beutegut in Gold- und Silbermünzen einer spanischen Galeone mit einem Wert von damals 450 000 Dollar geborgen. Gelegentlich trifft man immer noch Hobbyschatzsucher mit Metalldetektoren über und unter Wasser auf der Suche nach einem Schatz. Der einzige Schatz der Neuzeit wird allerdings im Strandrestaurant Pirates Bights geborgen: Dort kehren Segler regelmäßig ein und sorgen bei Rum Punch und leckeren Fleisch- und Fischgerichten für Umsatz. An gleicher Stelle, in der riesigen Ankerbucht The Bight, liegt WILLIE T, ein unter Seglern berüchtigtes Partyschiff.

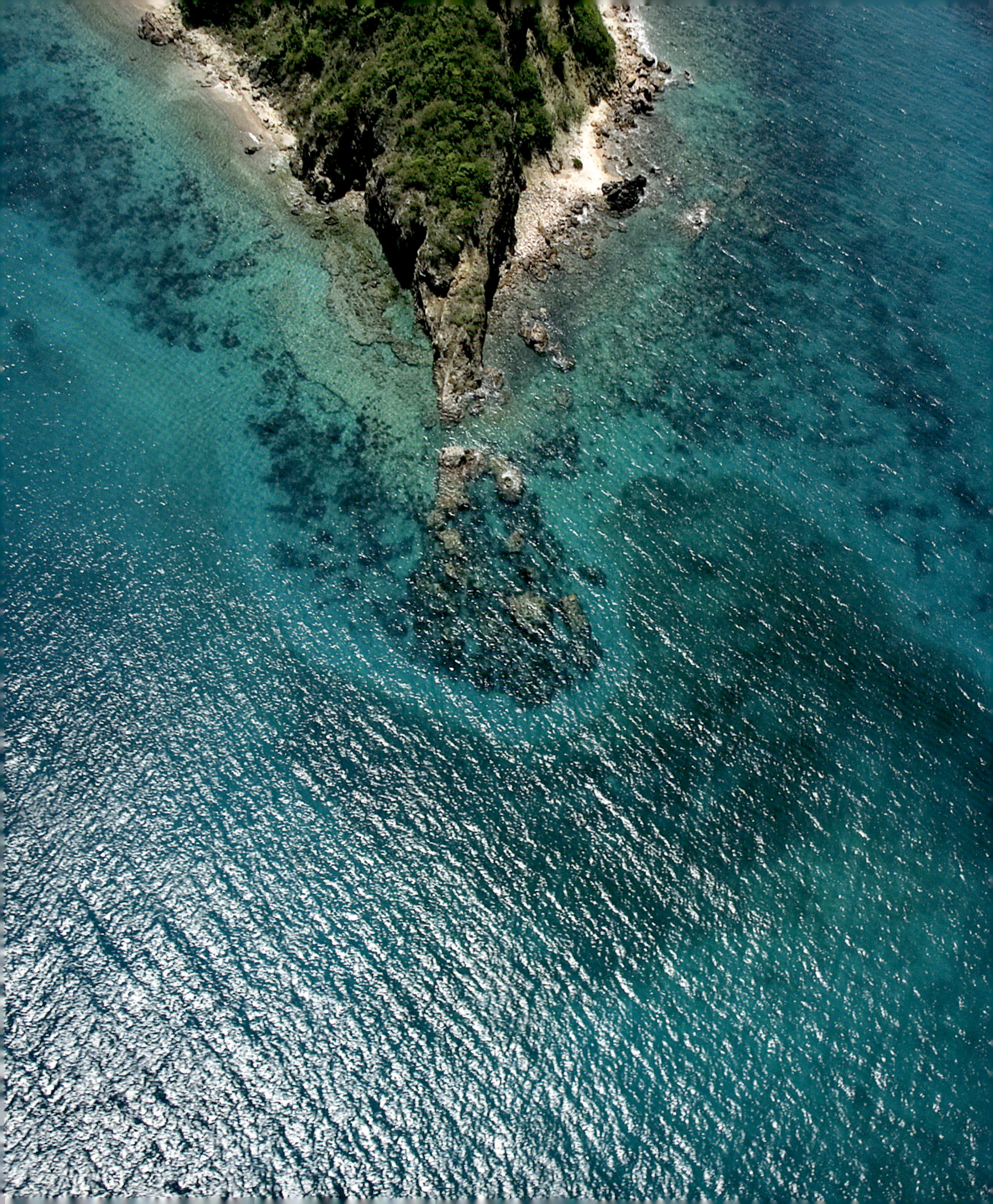

An der Westspitze von Peter Island gelang diese schöne Aufnahme mit den Spiegelungen der karibischen Sonne in den sanft gebrochenen Wellen am vorgelagerten Riff (linke Seite).

Der Name der Insel, Salt Island, sagt es schon: In dem Salztümpel hinter dem Strand wird von jeher aus Meerwasser Salz gewonnen. Sonst ist auf der Insel nicht viel los, nur Taucher zieht es magisch hierher (unten).

Fallen und Broken Jerusalem heißen die Felsen zwischen Virgin Gorda und Ginger Island. Sie sehen aus wie eine zerfallene Stadt, dachten sich die Namensgeber und erinnerten sich dabei an die wohl am meisten umkämpfte Stadt der Welt. Bei der Fahrt durch die Round Rock Passage bläst einem der Wind ins Gesicht. Richtung Ost nach St. Martin in den Leeward Islands sind es gerade mal 80 Seemeilen (ganz unten).

Peter Island

Peter Island mit dem gleichnamigen Fünf-Sterne-Resort und dem Yacht Harbour in der Sprat Bay gilt als eine der exklusivsten Adressen in den Virgin Islands. Das kurze Dock bietet nur wenigen Yachten Platz. Wer Wäsche an der Reling zum Trocknen aufhängt, muss mit Konsequenzen rechnen. Wenn man keine Yacht hat, erreicht man die Privatinsel über den Flughafen Beef Island und von Tortola weiter mit der Peter Island Ferry.

Salt Island

Der Name der Insel, Salt Island, sagt es schon: In dem Salztümpel hinter dem Strand wird von jeher aus Meerwasser Salz gewonnen. Sonst ist auf der

Road Town, eine Kleinstadt mit karibischen Farben und ländlichem Charakter, liegt im Scheitel des weiträumigen Road Harbour auf Tortola. Die Stadt und der Hafen sind der touristische Mittelpunkt der Britischen Jungferninseln. Im Hafen herrscht ein betriebsamer Verkehr mit Fähren, Kreuzfahrtschiffen und Yachten. Hier liegen Milliarden Dollar vor Anker.

Insel nicht viel los, nur Taucher zieht es magisch hierher. In 20 Metern Wassertiefe liegen Wrackteile des britischen Postdampfers RMS RHÔNE. Am 29. Oktober 1867 geriet das für die damalige Zeit moderne Schiff auf der Fahrt nach England in einen Hurrikan und sank mit 125 Personen an Bord.

Marina Cay

Eine besonders schöne Perle in der Kette der Jungferninseln ist die Miniaturinsel Marina Cay, nur einen Steinwurf weit von Great Camanoe entfernt. Die kleine Restaurantinsel liegt hinter einem Korallenriff, die roten Farbtupfer im Bild zeigen die Lage des Open-Air-Restaurants, Sunset Bar und die Gebäude vom Pusser's Company Store, einem Mekka für exklusive Kleidung und Geschenke. Das einfache Hotel mit sechs Zimmerchen auf dem Hügel ist fast immer ausgebucht. Marina Cay ist ein Magnet für Kurzurlauber, die Ruhe in tropischer Natur suchen.

Jost Van Dyke

Obwohl nach einem niederländischen Piraten benannt, brachte die verträumte Insel nordöstlich von Tortola einen ganz anderen und berühmteren Sohn hervor. William Thornton wurde 1759 auf

Great Harbour auf Jost Van Dyke: »Best Place for big Partys«. In Foxy's Tamarind Bar wird gefeiert und unter Sternenhimmel im Sand getanzt bis zum Abwinken. Sonst ist hier nicht viel los: Einwanderungsbüro, Tauchbasis und ein paar Rumkneipen am Strand.

Zur Ivan's Beach Bar im östlichen Teil der White Bay auf Jost Van Dyke fährt man durch die betonnte Riffpassage, festgemacht wird an Bojen oder das Eisen fällt in den weichen Sand.

Das pittoreske Eiland Marina Cay liegt völlig von Korallenriffen umgeben im türkisgrünen Wasser der Karibischen See. Ein Fährservice operiert bei Tag zur vollen Stunde hinüber nach Trellis Bay zum wenige Minuten entfernten Flughafen Beef Island der Britischen Jungferninsel Tortola (ganz unten).

Es gibt wohl nur wenige Inseln wie Marina Cay. Umringt von einem weißen Sandstrand, die kleinen Cottages der Hotelanlage mit roten Dächern im Kontrast zu den grünen Palmen: ein Inseltraum mitten in Blau und Türkis (unten).

Blick nach Ost über die 94 Meter hohe Bergspitze auf Little Jost Van Dyke in die Manchioneel Bay mit der Bilderbuchinsel Sandy Spit. Nur eine Palme hat dort den Stürmen der letzten Jahre getrotzt (rechte Seite).

der heute mit 260 Seelen bewohnten Insel geboren, erhielt eine medizinische Ausbildung im schottischen Edinburgh, wanderte nach Amerika aus und wurde 1793 unsterblich, als er mit seinem Entwurf die Ausschreibung für das Capitol in Washington D.C. gewann. 500 Dollar bekam er für die architektonische Meisterleistung – und einen Platz in der Weltgeschichte.

Heute gilt Foxy nach den Liveauftritten in seiner Bar auf Jost Van Dyke vielen Zeitgenossen als Legende. Keine Charteryacht segelt an der berüchtigten Great Bay vorbei und lässt sich den Painkiller entgehen, der in der White Bay nebenan erfunden worden sein soll.

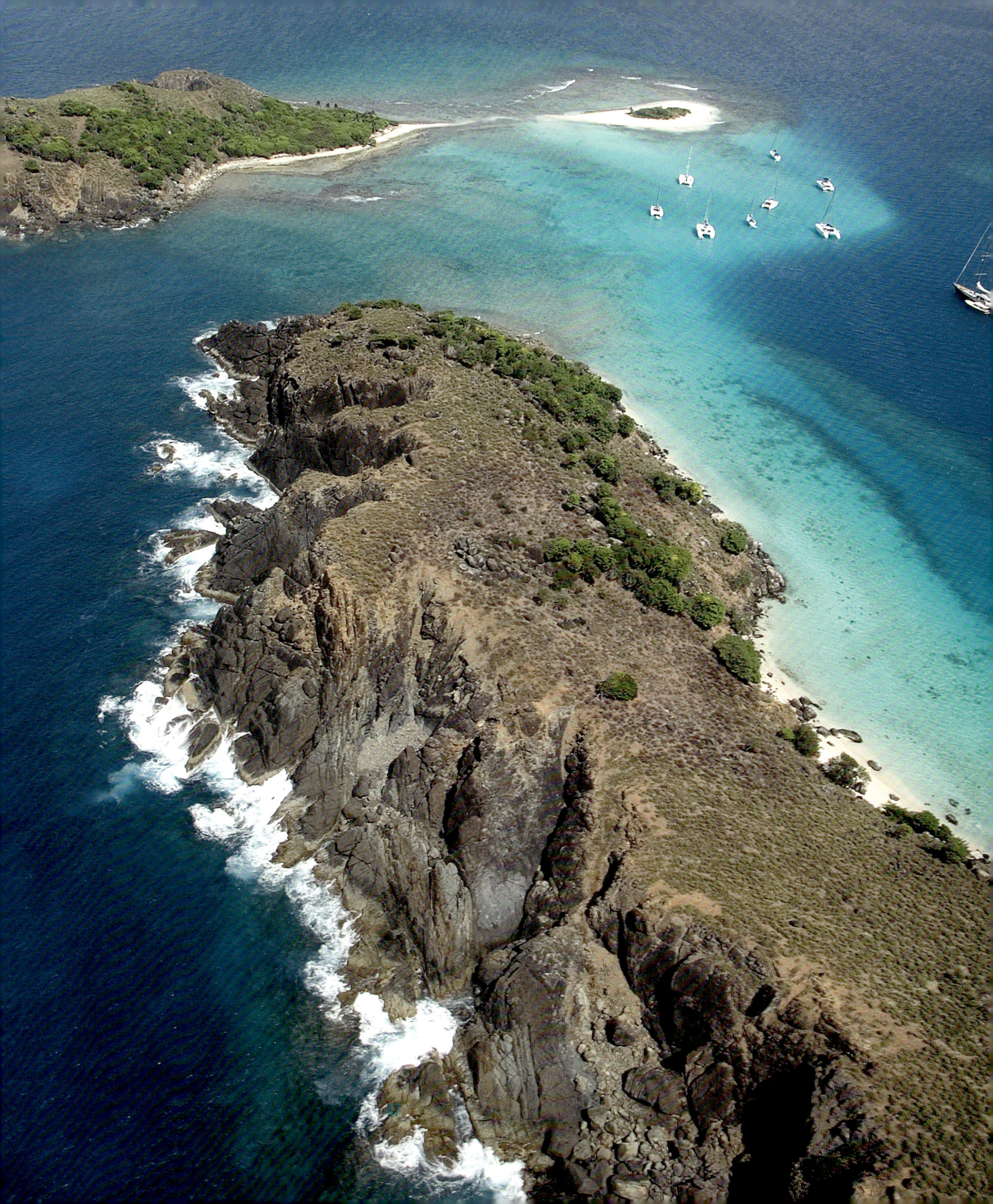

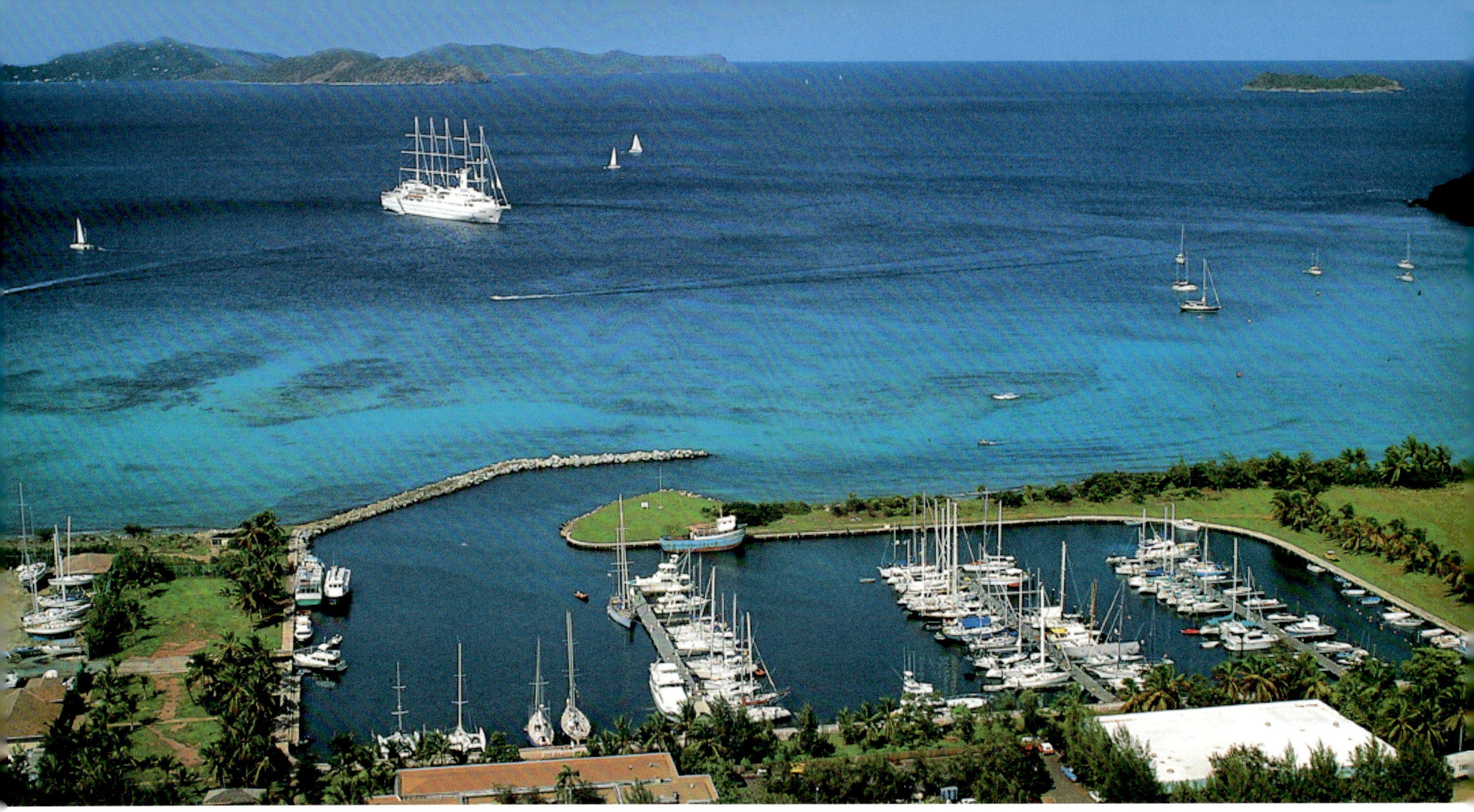

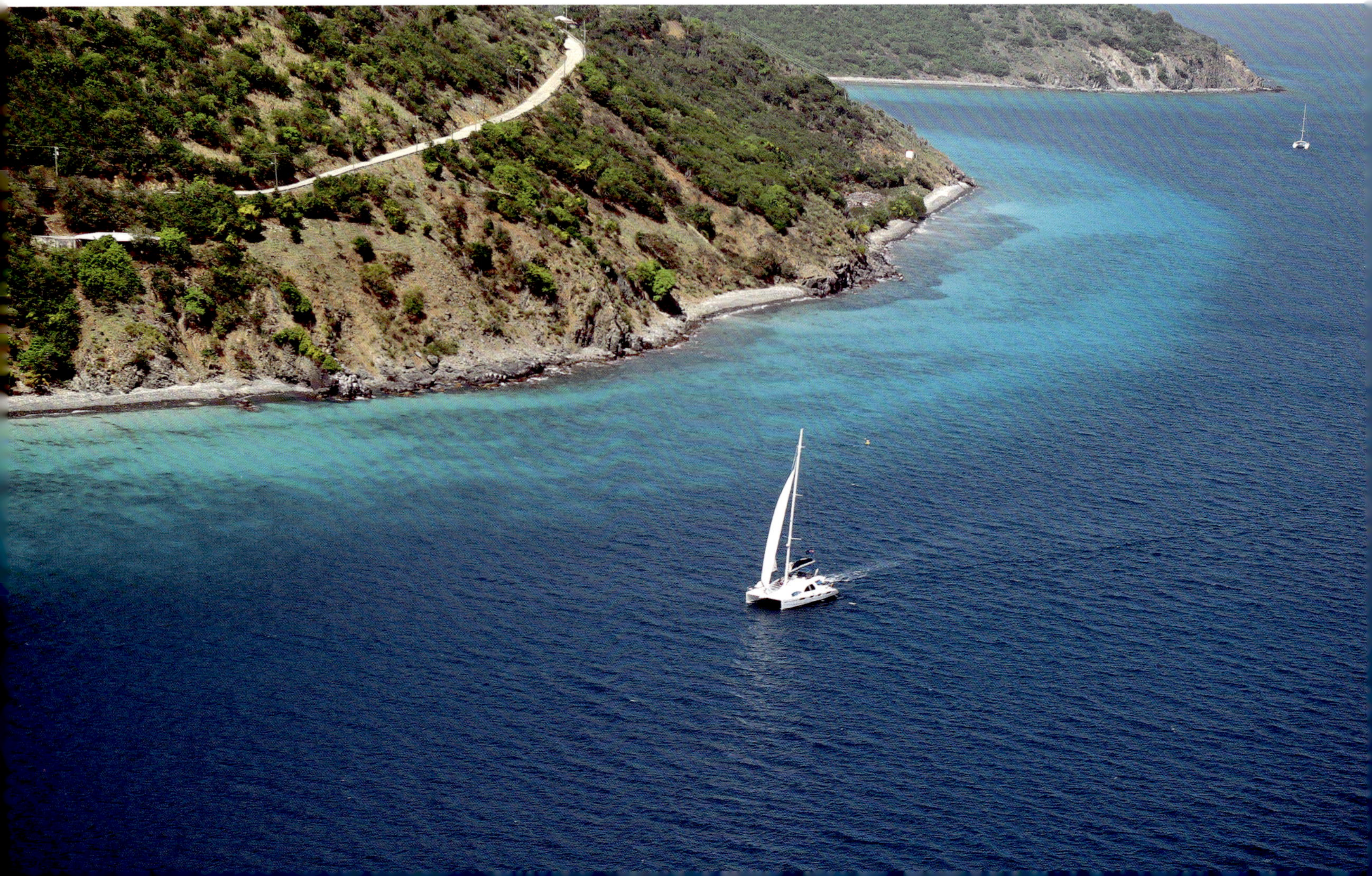

Virgin Gorda Yacht Harbour, eine Marina wie aus dem Bilderbuch. Der Weg hierher führt durch eine enge und gut betonnte Riffpassage. Die Passagiere der französischen Club Med 2 werden mit Tender vom Ankerplatz zu dem nahe gelegenen Schnorchelparadies The Baths gebracht (linke Seite oben).

Ein Katamaran auf dem Weg zu Great Harbour auf Jost Van Dyke entlang der Riffkante.
Im Hintergrund die Einfahrt in die Bucht Little Harbour (linke Seite unten).

Gorda Sound ist eine weiträumige und geschützte Bucht im Norden von Virgin Gorda. Die amerikanische Bezeichnung »land locked« trifft hier den Nagel auf den Kopf. Die riesige Bucht ist völlig von Inseln und Riffen umgeben, für Kielyachten gibt es nur eine Riffpassage in diese herrliche Naturbucht mit ihren erstklassigen Marinas, Restaurants und Versorgungsmöglichkeiten.
Die Formationen der Korallenriffe im Norden sind deutlich zu sehen (unten).

Wenig ist viel: Das »Leverick Bay Resort & Marina« auf Virgin Gorda hat nur Platz für ein Dutzend Yachten, aber der Service an Land und in der Marina ist erstklassig. Allein schon wegen der hübschen maritimen Artikel im Pusser's Company Store lohnt sich der Weg. Wenn man an einer Boje liegt, muss man für den Restaurantbesuch ins Beiboot umsteigen. In Seglerkreisen ist die Marina auch als »Better End« bekannt.

The Baths Marine Park: Der kurze Küstenabschnitt an der Südwestküste von Virgin Gorda ist das Naturspektakel in Farben und Formen der BVI schlechthin. Zwischen den riesigen Granitblöcken haben sich Schluchten, Grotten und kleine Sandstrände gebildet. Beim Blick unter Wasser hat man das Gefühl, man befinde sich in einem großen Aquarium mit bunten Fischen: Man sieht fast alles, was in der Brandungszone eines tropischen Meeres krabbelt und schwimmt (oben).

Virgin Gorda

So nannte Christoph Kolumbus die östlichste Insel der Virgin Islands. Auf Virgin Gorda, genauer in der Little Dix Bay, steht eines der exklusivsten Luxushotels der BVI. Die im Norden gelegene riesige Bucht Gorda Sonnd ist ein Paradies für Wassersportler, und vom 415 Meter hoch gelegenen Gorda Peak genießt man eine traumhafte Aussicht. Am bekanntesten ist jedoch der meistbesuchte Strand der Britischen Jungferninseln: The Baths. Mit seinen Labyrinthen zwischen riesigen Felsen bietet der Steinhaufen ein Naturschauspiel vor grandioser Kulisse, Schnorchelausflüge in einem karibischen Aquarium und schöne Tagesankerplätze.

Um die Entstehung der großen Felsbrocken am Ufer ranken sich diverse Geschichten. Während die einen von Riesen berichten, die die Steine herbeigeschleppt haben sollen, erzählen andere von Meteoriteneinschlägen. Der Verdacht, dass es sich lediglich um einen geschickten Schachzug der Einheimischen handelt, die die Steine von der ähnlich aussehenden Inselgruppe der Seychellen herbeitransportiert hätten, kann wohl ausgeschlossen

Die Rifflandschaft um Necker Island ist eine der spektakulärsten Naturschönheiten auf den Britischen Jungferninseln. Das Eiland ist in Privatbesitz des Milliardärs Sir Richard Branson, dem in den BVI auch noch Mosquito Island gehört (folgende Doppelseite).

werden. Was bleibt, ist eine bizarre Kulisse inmitten der weißen Sandstrände der Karibik.

Necker Island

Dieses Geschenk der Natur befindet sich in Privatbesitz des Ballonfahrers, Extremsportlers und Milliardärs Sir Richard Branson. Zu Beginn seiner einzigartigen Laufbahn gründete er ein Tonstudio, engagierte den damals noch völlig unbekannten Musiker Mike Oldfield und wurde mit dessen erster Platte, dem Welthit »Tubular Bells«, 1973 fast über Nacht ein reicher Mann.

Neben seinen unternehmerischen Aktivitäten machte sich der von der englischen Königin Elizabeth II. zum Ritter geschlagene Tausendsassa auch als Abenteurer einen Namen. 1986 gelang ihm mit der VIRGIN ATLANTIC CHALLENGER II die schnellste Atlantiküberquerung per Schiff, und 1987 glückte ihm als erster Mensch eine Fahrt über den Atlantik in einem Heißluftballon, dem VIRGIN ATLANTIC FLYER. Und mit seiner Fluggesellschaft Virgin Atlantic Airways flog Branson am 24. Februar 2008 mit einer Linienmaschine als erster Unternehmer mit Biokraftstoff von London nach Amsterdam.

Necker Island – das etwa 30 Hektar große Eiland ist umgeben von einer Rifflandschaft in den schönsten Farben. Hoch auf dem Hügel steht das Great House in balinesischem Stil, daneben fünf strohgedeckte Luxuscottages. Die Küste des einsamen Fleckchens wird von intimen Sandstränden unterbrochen. Nur ein kleines Fährschiff verbindet die Welt mit diesem Paradies (oben).

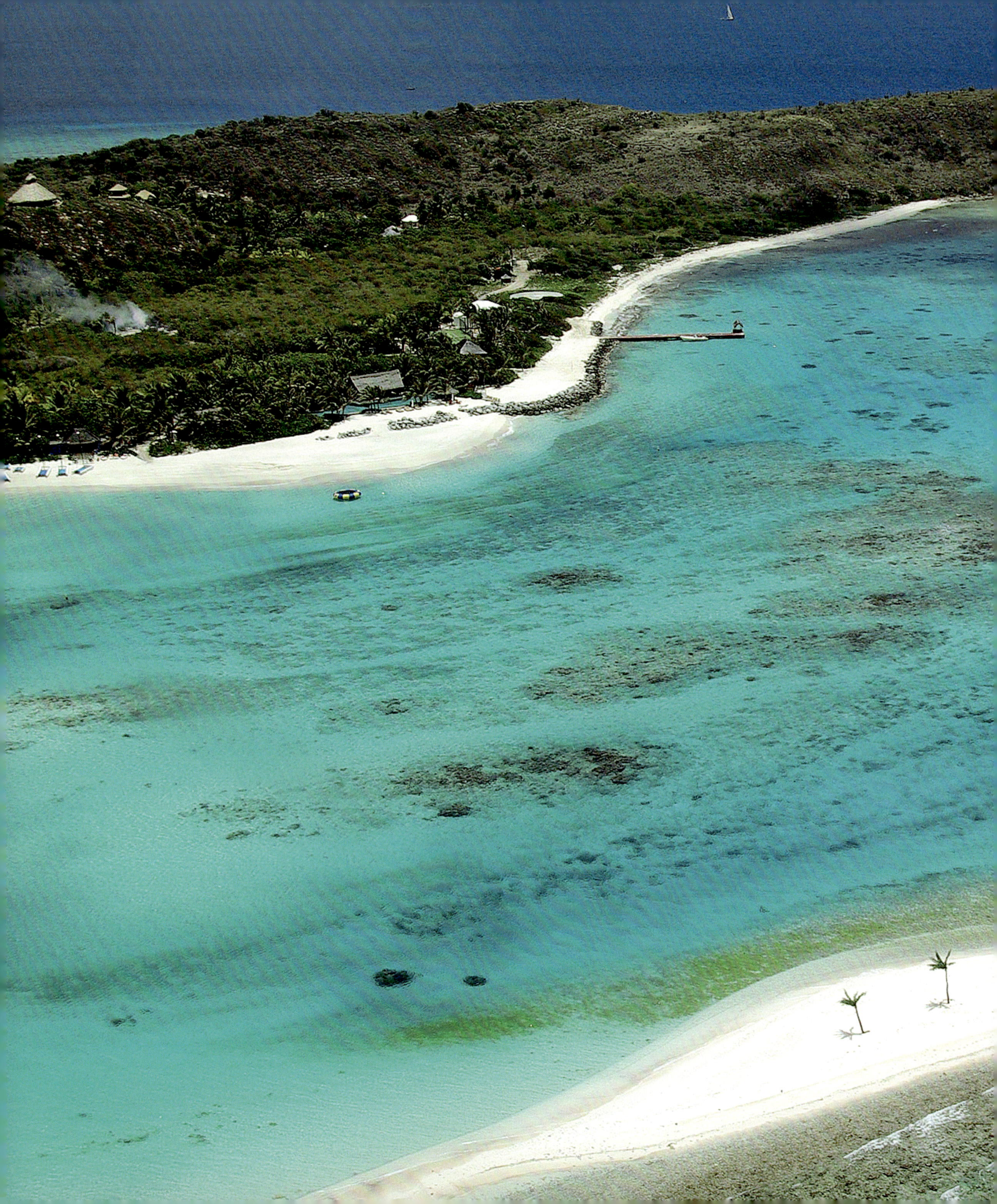

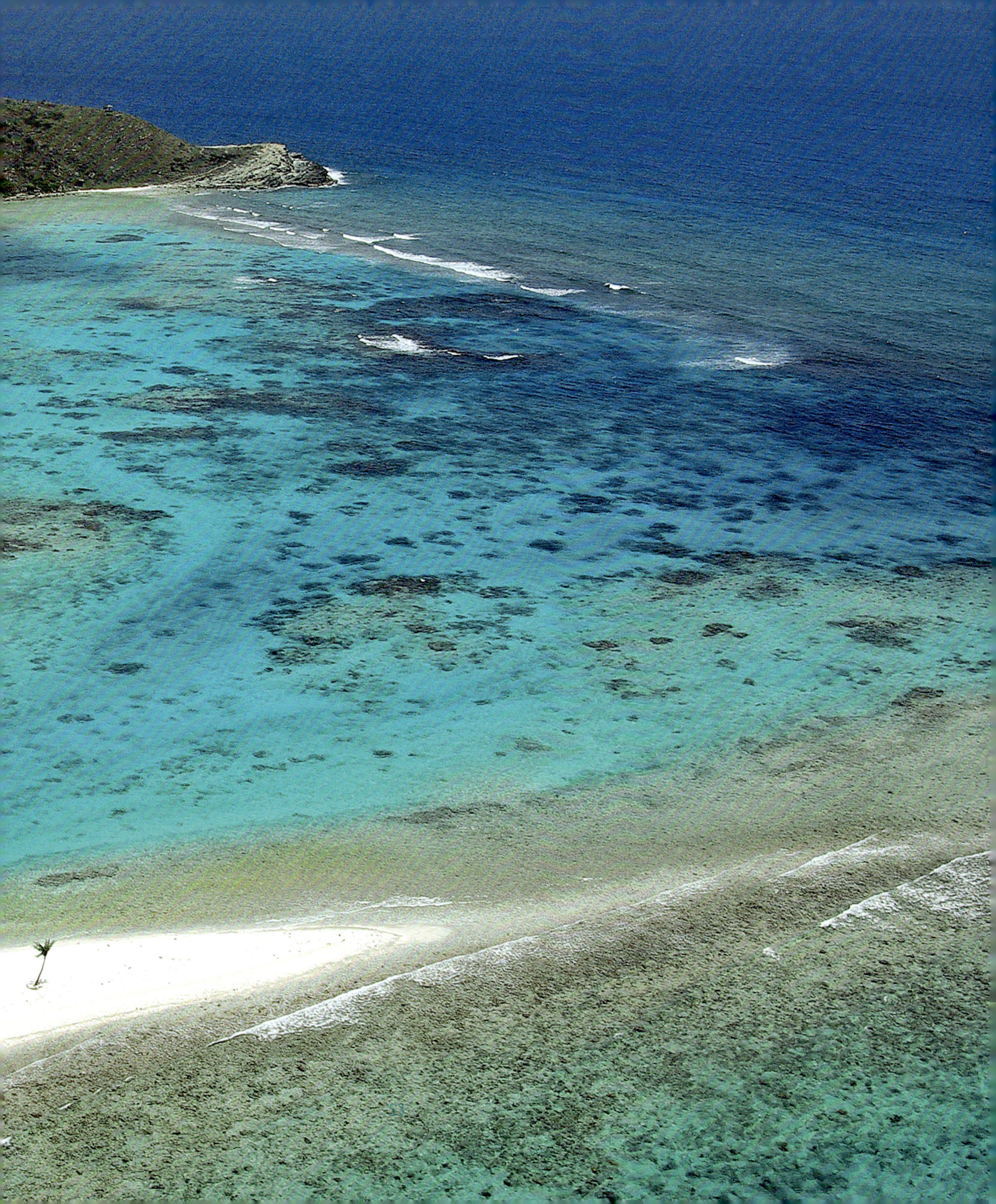

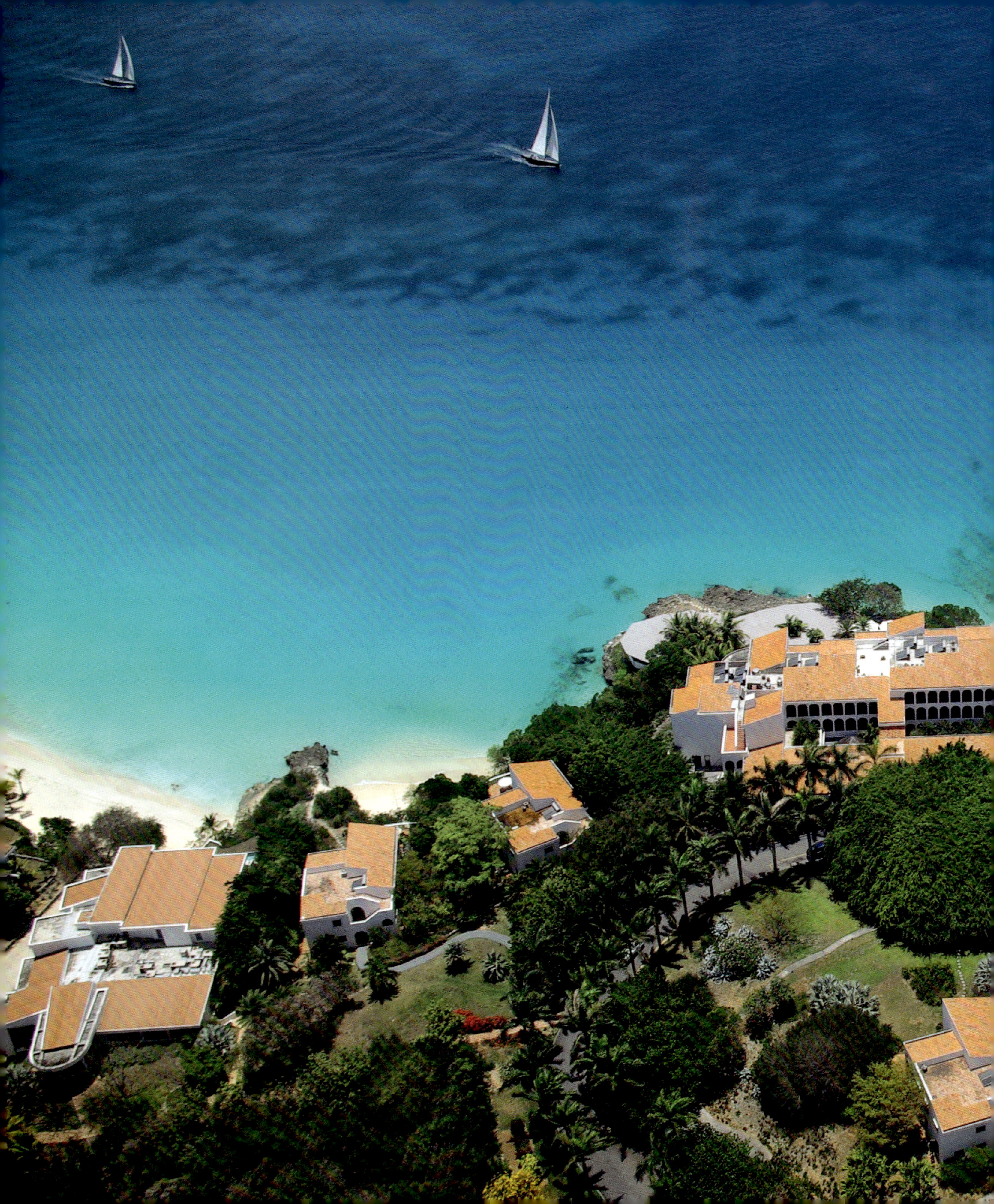

»Das Meer beginnt an jedem Strand.«
(Manfred Hinrich, Philosoph)

DIE LEEWARD ISLANDS –
DIE INSELN DER KONTRASTE

Anguilla, nach ihrer länglichen und schmalen Form auch die Aal-Insel genannt, ist platt wie ein Pfannkuchen und gespickt mit Buchten und Stränden aus weißem, fast wie Schnee wirkendem Korallensand. Feudal ausgestattete Hotels liegen in den schönsten Buchten und auf Landzungen. (oben).

Jetset-Treffpunkt ist das Malliouhana Hotel auf dem Felsvorsprung in der Mead's Bay auf Anguilla. Bei der Namensgebung hat man sich an die alte Inselbezeichnung der Arawak-Indianer erinnert (vorhergehende Doppelseite).

Die Inseln von Anguilla im Norden bis Dominica im Süden tragen zusammengefasst die Bezeichnung Leeward Islands (»Inseln über dem Winde«), eine pragmatische Einteilung der englischen Seefahrer nach der Lage zum Ostpassat. Es sind Inseln voller Kontraste und Gegensätze. Das gilt sowohl in klimatischer, wirtschaftlicher und politischer als auch in kultureller Hinsicht. Jede Insel vermittelt auch landschaftlich eine jeweils andere Grundstimmung. Die Bergrücken der Vulkaninseln sind mit dichten Regenwäldern überzogen, Bäche, Wasserfälle, Seen und Palmenstrände reichen bis zu den Küsten. Einen Gegensatz dazu bilden die flachen Inseln, die auf Korallenplatten entstanden sind und nur wenig Vegetation vorweisen, dafür aber mit traumhaft schönen Buchten, weißen Stränden und Korallengärten aufwarten. Angepasst ist auch das jeweilige Inselklima: kräftige Regenschauer auf der Luvseite der Vulkaninseln und ausgeprägt trockenes Klima auf den Koralleninseln. Regen ist hier eine Seltenheit, was zu großen Problemen bei der Trinkwasserversorgung führt, denn auch Quellen und Brunnen sind in dem porösen Korallenkalkgestein nicht vorhanden. Der steil aus dem Meer aufragende Felskegel Saba hat weder Strand noch Palmen, eine wirkliche Kuriosität in der gesamten Karibik.

Wirtschaftlich und kulturell unterscheiden sich St. Martin, St. Barth und Guadeloupe, die zum französischen Mutterland gehören und deren Bürger in das europäische Sozialsystem eingebettet sind, deutlich von einigen englischsprachigen Inseln, deren Inselbewohner gleich nebenan in Armut leben. In der Verschmelzung der Sprachen bildete sich das kreolische Patois als Umgangssprache heraus, eine Mischung aus afrikanischer und französischer Grammatik, die auf der britisch geprägten Insel St. Lucia selbst bei Gerichtsverhandlungen zur besseren Verständigung gesprochen wird. So können französische Fischer von Guadeloupe mit ihren Kollegen in Dominica mehr oder weniger gut kommunizieren.

Die politische Struktur auf diesem engen Raum ist kompliziert und reicht von britischen Kronkolonien und mit Großbritannien assoziierten Inseln, niederländischen Überseeprovinzen sowie französischem Département bis hin zum politisch selbstständigen Inselstaat. Die wichtigsten Luftverkehrsknotenpunkte von Europa sind St. Maarten, Guadeloupe und Antigua. Von hier aus kann man fast zu jeder anderen Insel mit dem Flugzeug oder mit Fähren »hüpfen«.

Anguilla, Südwestküste: Nach Westen reihen sich die Ankerbuchten aneinander, eine schöner als die andere – und davor das Wasser, blau wie der Himmel. Hinter dem kilometerlangen Sandstrand der sichelförmigen Maunday's Bay liegt die exklusive Bungalowsiedlung Cap Juluca mit 18 Strandvillen im maurischen Baustil.

Road Bay, der beliebteste und sicherste Ankerplatz von Anguilla. Im Scheitel der Bucht liegt der Ort Sandy Ground Village, das touristische Geschäftszentrum der Insel. Auf dem schmalen Landstreifen liegen dicht an dicht Restaurants, Bars, Boutiquen, die Einwanderungsbehörde und die Polizeistation. Wichtigste Beschäftigung über Tag ist das »liming«, das Nichtstun.

Anguilla

Genau so stellt man sich die Karibik vor: hellblaues bis türkisfarbenes Wasser und kilometerlange Sandstrände so weit das Auge reicht. Eine Insel, die man mit einem Blick erfassen und in einer Stunde durchlaufen kann. Anguilla, die nördlichste der Leewardinseln, ist eine 14 Seemeilen lange und flache Koralleninsel, an der breitesten Stelle misst sie gerade einmal drei Seemeilen. Anguilla gehört zwar noch zum Vereinigten Königreich, verwaltet sich seit 1980 als British Dependent Territory allerdings selbst und darf seit 1990 auch internationale Finanzgeschäfte abwickeln. Neben dem Tourismus leben die Einheimischen von der Meersalzgewinnung, außerdem exportieren sie Langusten zu anderen touristischen Zentren in der Karibik.

Geschäftszentrum auf der Insel ist der Ort Sandy Ground an der Road Bay. Die Verwaltung des Bon-

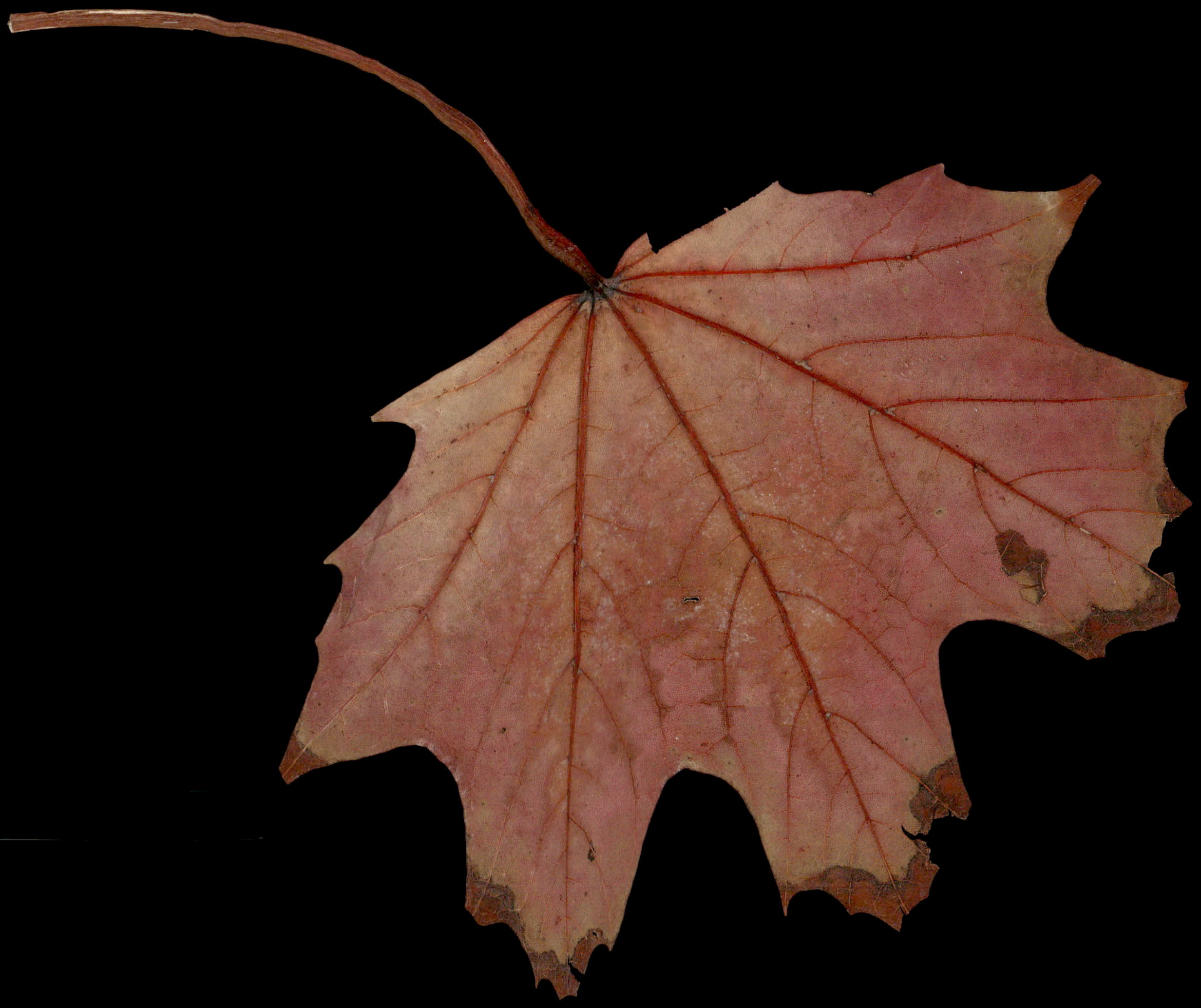

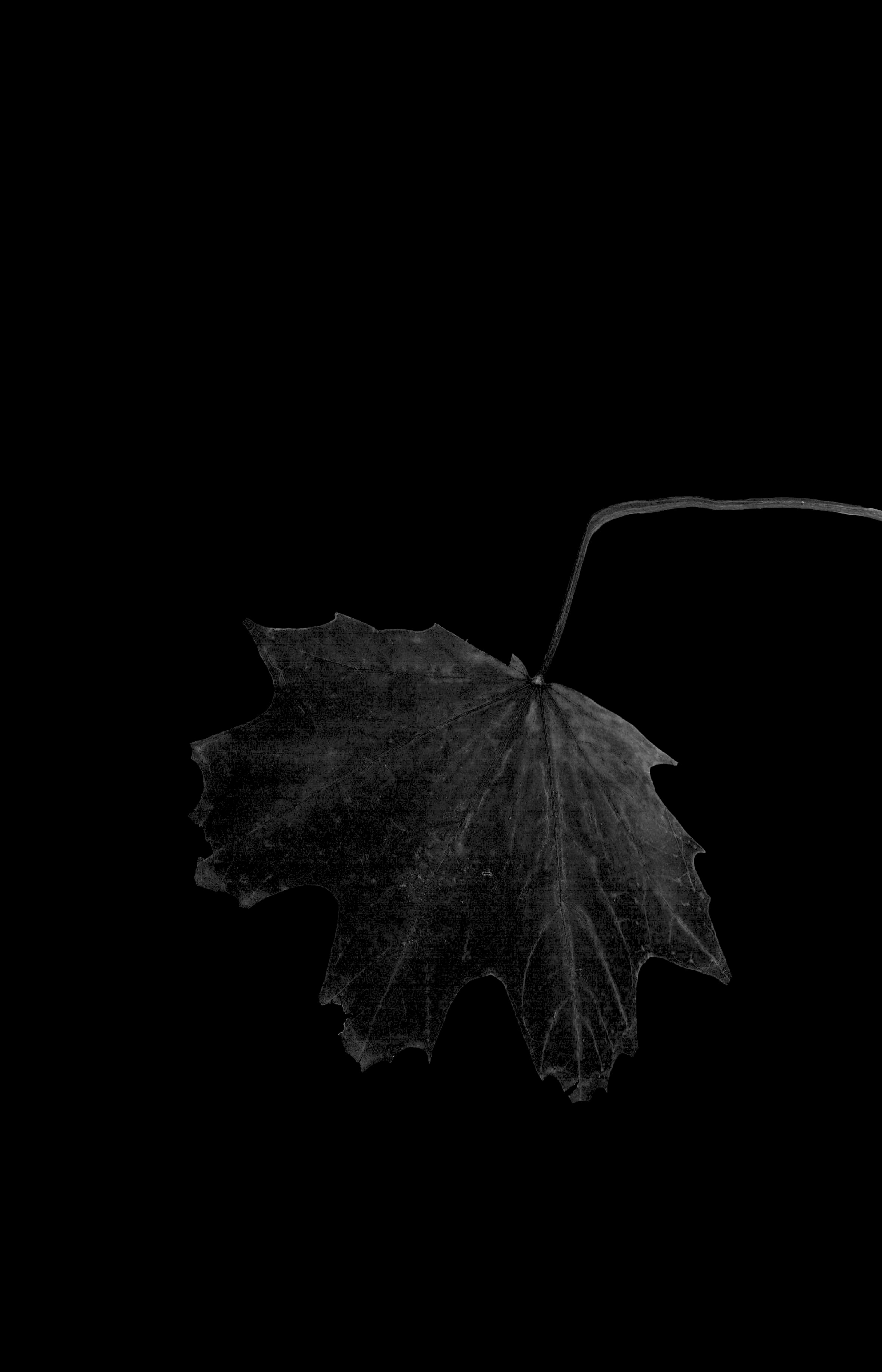

sai-Staates sitzt in The Valley, einem kleinen karibischen Nest inmitten der Insel und unweit der unter Fischern beliebten Crocus Bay. Die Hauptverbindungsader ist die Fähre von und nach St. Martin. Auf der kurzen Startbahn des Flughafens landen tagsüber nur wenige Propellermaschinen. Von den vornehmlich teuren Nobelherbergen werden Ausflüge zu den Nachbarinseln angeboten. Favorit ist Sandy Island. »Was würden Sie auf eine einsame Insel mitnehmen?« Auf Sandy Island wird diese Frage zwar nicht beantwortet. Was man sich unter einer einsamen Insel vorzustellen hat, dagegen ganz genau. Rundherum ist diese Trauminsel von Korallenriffen umgeben. Genau elf Palmen waren einst ihr Wahrzeichen, bevor sie von Hurrikanen entwurzelt und durch neue Setzlinge ersetzt wurden. Nun ist ein aufs Riff gelaufener Küstenfrachter das Erkennungszeichen des kleinen Landfleckens.

Der Sandfleck Sandy Island befindet sich 1,5 Seemeilen westlich von Road Bay in einem Riff. Zwei Meter über der Wasserlinie gelegen, sind einige Palmensetzlinge, ein Pavillon und ein gestrandeter Küstenfrachter die Wahrzeichen der Insel. Der Winzling ist nur mit dem Beiboot oder kleinen Motorschiffen ansteuerbar. Am Strand kann man den frisch gefangenen Fisch grillen und im Riff beim Schnorcheln die bunten Fische beobachten.

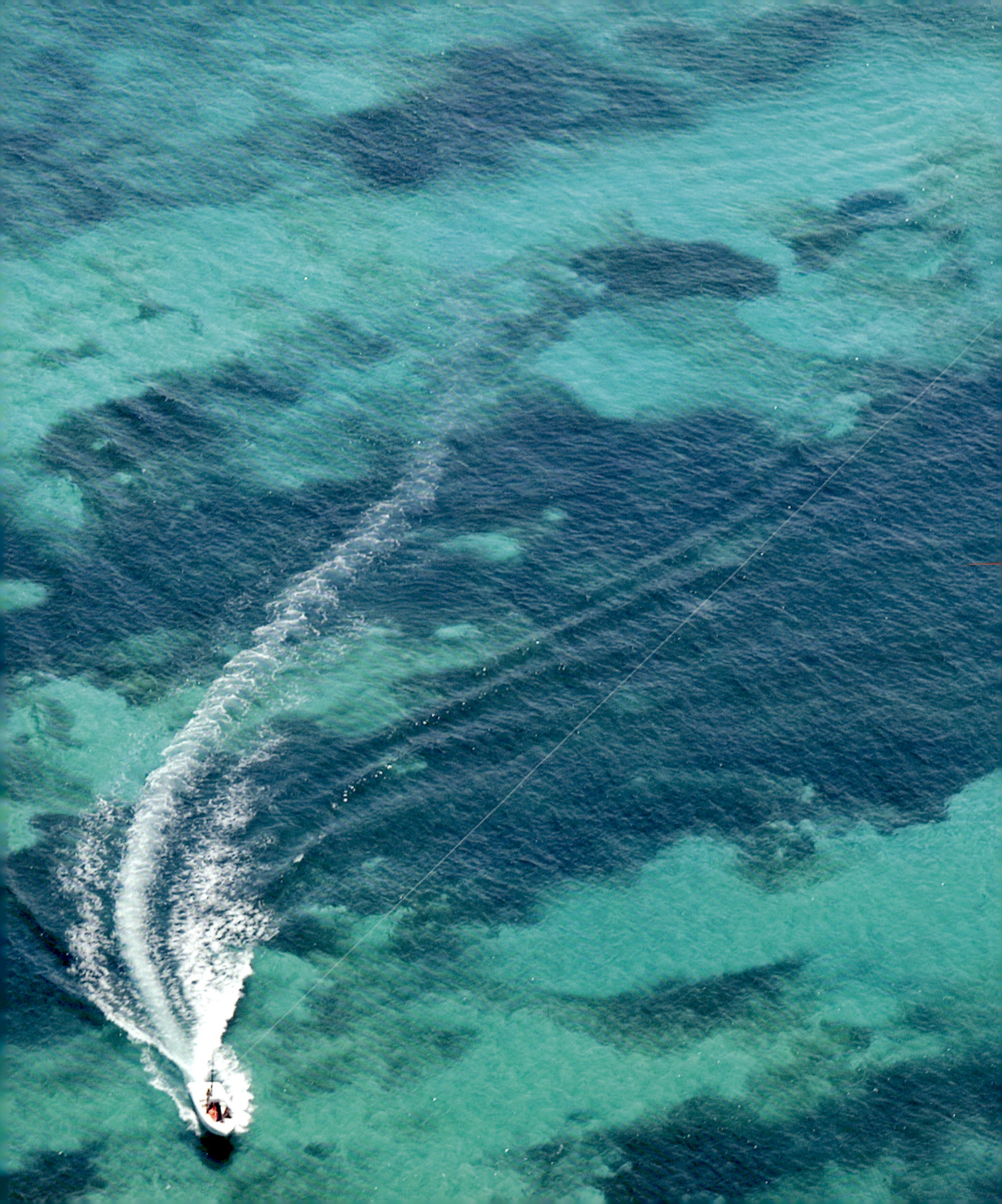

»Glück verdoppelt sich durch Teilen.«
(Manfred Hinrich, Philosoph)

SINT MAARTEN UND SAINT MARTIN – ZWEI STAATEN AUF EINER INSEL

Schauspiel an der Leine: Ein Paragleiter wird von einem Motorboot durch die Orient Bay auf St. Martin gezogen und genießt die Aussicht von oben. In der riesigen Bucht finden Wassersportler vor den Hotelanlagen Kurzweil beim Schnorcheln, Kiten, Windsurfen oder Wasserskifahren (vorhergehende Doppelseite).

Die Simpson Bay Marina mit Superyacht-Terminal liegt eingeklemmt zwischen Snoopy Island und der neuen Siedlung an der Flughafenstraße auf St. Maarten. Hier machen Yachten aller Größenordnungen fest. Wer es sich leisten kann, wohnt direkt am Wasser in einer der luxuriösen Villen (unten).

Die enge und flache Durchfahrt zwischen St. Martin und Îlet Pinels wird in den Seekarten als unpassierbar bezeichnet. Einmal nicht aufgepasst, und der Propeller am Außenborder ist verbogen (unten).

Ein enger Kanal verbindet den beliebten Ankerplatz Simpson Bay mit der Simpson Bay Lagoon. Der Autoverkehr auf der Flughafenstraße hat europäische Dimensionen angenommen – mit der Konsequenz, dass die Hubbrücke nur zu drei festgelegten Zeiten kurz geöffnet wird.

Die Lagune ist ein idealer Ankerplatz für Langzeitlieger auf St. Maarten, zudem ein perfekt funktionierender Mikrokosmos im Servicebereich der Bootsindustrie und in den bestens ausgestatteten Marinas für Megayachten (ganz unten).

Schon beim Anflug fällt einem die größte Lagune der Karibik ins Auge. Über 20 Quadratkilometer dehnt sich die Simpson Bay Lagoon aus. Die Marinas sind Anlaufstellen für Schiffe aller Art, Langzeitsegler und Tagesgäste und bieten jeden Komfort eines modernen Hafens.

Die politisch zweigeteilte Insel mit dem niederländischen Teil im Süden und dem französischen Teil im Norden hat mit der Lagune und dem für seine spektakulären Landungen berüchtigten Juliana Airport ihr Verkehrszentrum.

Hier liegen Hunderte Yachten, Fischerboote und Superyachten, und alle paar Minuten startet oder landet eine Maschine. Schleusen, Werftkräne, kleine Boote, Privatflugzeuge, Inselhüpfer und Linienmaschinen sowie die vielen Arbeiter sorgen für Betriebsamkeit fast rund um die Uhr. Ebenso intensiv pulsiert das Leben im benachbarten Philipsburg, der Hauptstadt der niederländischen Hälfte Sint Maarten, im Volksmund auch »Klein Holland« genannt. Wie ein kleines Las Vegas wirkt die 1763 von dem in niederländischen Diensten stehenden schottischen Seemann John Philip gegründete Stadt. Einst lebte man auf der Landzunge zwischen dem Great Salt Pond und dem Freihafen in der Groot Baai ausschließlich von der Salzgewinnung und dem Fischfang. Heute hat der Tourismus alles in der Hand. Fast täglich machen Kreuzfahrtschiffe fest und spucken Tausende Touristen aus, die sich in den Kasinos, Bars, Restaurants und Souvenirshops vergnügen.

Kein Schlagbaum markiert die Grenze zum französischen Teil Saint Martin, dessen Hauptstadt Marigot auch die Regierung für die benachbarte Insel

Die Anse Marcel, die nördlichste Ankerbucht auf St. Martin, ist überaus malerisch gelegen: sattes Grün in den Berghängen, darunter Wasserfarben in Blau bis Türkis, wie sie schöner nicht sein könnten. Oben im Bild der Radisson Hotelkomplex mit feinsandigem Strand, Pool und Restaurants. In die Marina dahinter führt der Weg durch den engen Kanal, für Katamarane wird es bei der Einsteuerung an einigen Stellen bedenklich eng (unten).

Versteckt und bestens geschützt liegt die Radisson Marina, vormals Marina Port Lonvilliers (wie auch auf dem Bild noch zu sehen) auf St. Martin, in einem kleinen Becken hinter der Hotelanlage. Ein deutsches Charterunternehmen hat hier seine Leeward-Yachtflotte stationiert. Am Horizont erkennt man einen flachen Küstenstreifen: Es ist die Insel Anguilla (ganz unten).

Zum Lobsterdinner geht es auf die winzige Insel Îlet Pinels. Als Geheimtipp wird das Restaurant Karibuni gehandelt, eine luftige Bude aus Brettern in westindischer Architektur, umgeben von schattenspendenden Palmen. Die Spezialität ist frisch gefangener Lobster.

Ein kurzer Hieb mit der Machete, und schon liegt der Prachtkerl in würziger Zitronenbutter zweigeteilt auf dem Grill.

Kurs auf die nahe gelegene Insel St. Barths mit 11 Knoten auf der Logge: ein Katamaran im Morgenlicht des reflektierenden Meeres.

St. Barthélemy stellt. In den bunten, im Kolonialstil erbauten Häusern fühlen sich die französischen Gäste ein wenig wie zu Hause. Im ehemaligen Fischerhafen vor der Stadt wurde eine hochmoderne Marina gebaut.

Die Teilung der Insel ist für die Bevölkerung ein gewohnter Zustand und sorgt nur selten für Spannungen. Spannend wird es lediglich, wenn, wie zuletzt, der Dollar schwach steht und folglich die Lebensmittel im niederländischen Teil deutlich günstiger sind als im französischen »Euro«-Land. Dann strömen alle Einwohner, die irgendwie motorisiert sind, in die Supermärkte im Süden. Die im Norden bleiben menschenleer und öffnen zum Teil erst gar nicht.

Der Yacht- und Kreuzfahrttourismus boomt in der Groote Baai auf St. Maarten. Ähnlich wie St. Thomas ist Philipsburg und der gesamte Pierbereich davor eine Freihandelszone. Mit ihren vielen Kasinos und Spielhallen sowie den Dutzenden Geschäften mit ihrem Überangebot an zollfreien, internationalen Markenartikeln, Nobel-Uhren, Kameras, elektronischen Geräten und edlem Schmuck wirkt die Stadt wie eine Art Miniatur-Hongkong und wird zu Recht »Boomcity« genannt.
Ein Mix aus Zuckerbäckerstil mit den traditionellen bunten westindischen Holzhäusern, zwölf Kasinos und unzähligen Restaurants bildet das Zentrum des touristischen Lebens und ist ein wahres Mekka für die Segler und Kreuzfahrttouristen, die sich durch die engen Gassen der bunten Tourismuszentrale drängen.

St. Barthélemy hat sich zur »Riviera« der Karibik entwickelt. Im Hafen von Gustavia machen inzwischen viele der ganz großen Yachten fest.

St. Barthélemy – St. Tropez der Karibik

Die kleine Insel, nur ein paar Seemeilen südlich von Sint Maarten gelegen, wirkt mit ihren türkisblauen und von Palmen gesäumten Badebuchten wie ein karibisches Paradies. In den 1960er-Jahren baute sich der amerikanische Banker David Rockefeller auf St. Barthélemy eine Ferienvilla. Ihm folgten viele Berühmtheiten und Persönlichkeiten, die hier weitgehend unter sich sind. Die Restaurants und Geschäfte rund um den Hafen der Hauptstadt Gustavia sind größtenteils schick und teuer. Dennoch, oder gerade deswegen, machen hier alle Chartersegler auf ihrem Weg in den Süden für einen Stopp fest. Und vielleicht laufen sie ja Steve Martin, Richard Gere oder James Bond alias Daniel Craig über den Weg, die St. Barth, wie es im Volksmund genannt wird, als ihr Urlaubsdomizil gewählt haben.

Die Ankerbucht Baie de Columbier liegt im Nationalpark »St. Barthélemy Natural Park Reserve«, der mit gelben Bojen gekennzeichnet ist. Ankern ist hier zum Schutz der Riffe und der sonstigen Unterwasserwelt streng verboten. Yachten dürfen nur an den Parkbojen festmachen.

Von St. Maarten kommend, ist bei Tag und Nacht die Ansteuerung von Port de Gustavia auf St. Barthélemy kein Problem, die Fahrrinne ist betonnt und befeuert. Im Nahansteuerungsbereich sind besonders die unbefeuerten Klippen, Riffe und Inselchen westlich vom Hafen gefährliche Stellen. Die beliebte Marina hat mit ihrer einladenden Gastronomie rundherum einen besonderen Platz in den Seglerherzen erobert. Die vorgelagerten Inseln und das flache Hafenbecken schützen die Insel vor den riesigen Kreuzfahrtschiffen und damit auch vor dem Massentourismus.

Wenn die Sonne am Mittag von oben brennt und sich die kleinen Wellen in ihrem Licht spiegeln, entstehen rund um die Felsformation Gros Ilets an der Einfahrt zum Hafen von Gustavia zauberhafte Farbkontraste (rechte Seite).

Die Einheimischen sind größtenteils weiß, was einerseits daran liegt, dass das steinige Gelände nicht zum Zuckerrohranbau taugte und damit auch keine schwarzen Sklaven benötigt wurden. Andererseits war St. Barth immer schon in europäischer Hand. Christoph Kolumbus eroberte die Insel 1493 und benannte sie nach seinem Bruder Bartolomeo. Franzosen folgten den Spaniern, und nach einem schwedischen Zwischenspiel, dem Gustavia nach König Gustav II. seinen Namen zu verdanken hat, übernahmen die Franzosen 1877 wieder das Regiment. Bauern aus der Bretagne und der Normandie suchten hier einst ihr Glück, ihre Nachkommen pflegen die Traditionen der alten Heimat noch bis heute.

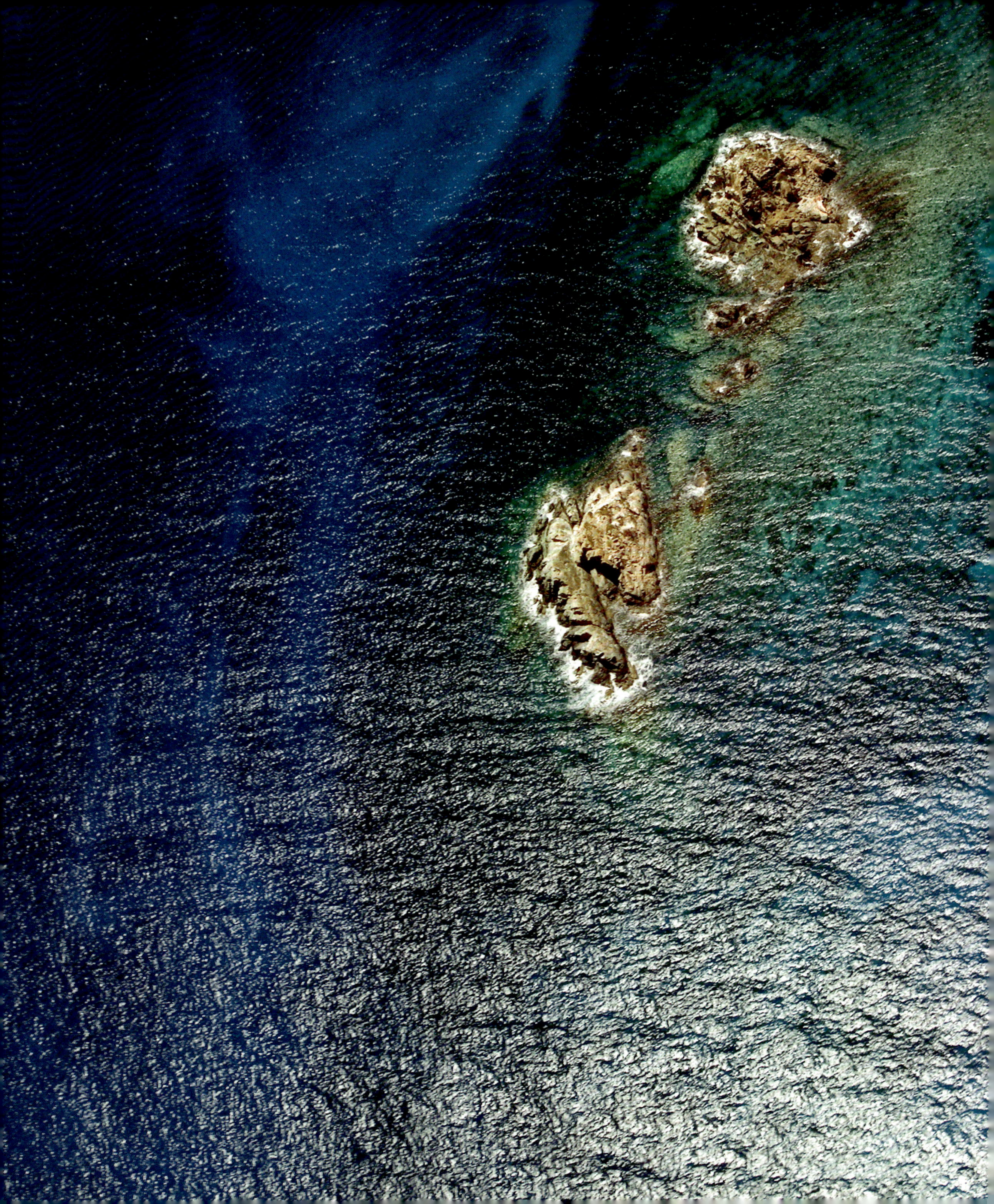

»Die Welt ist ein Buch. Wer nie reist, sieht nur eine Seite davon.«
(Augustinus Aurelius, Theologe und Philosoph)

SABA, NEVIS, ST. EUSTATIUS UND ST. KITTS – EINFACH UND KARIBISCH

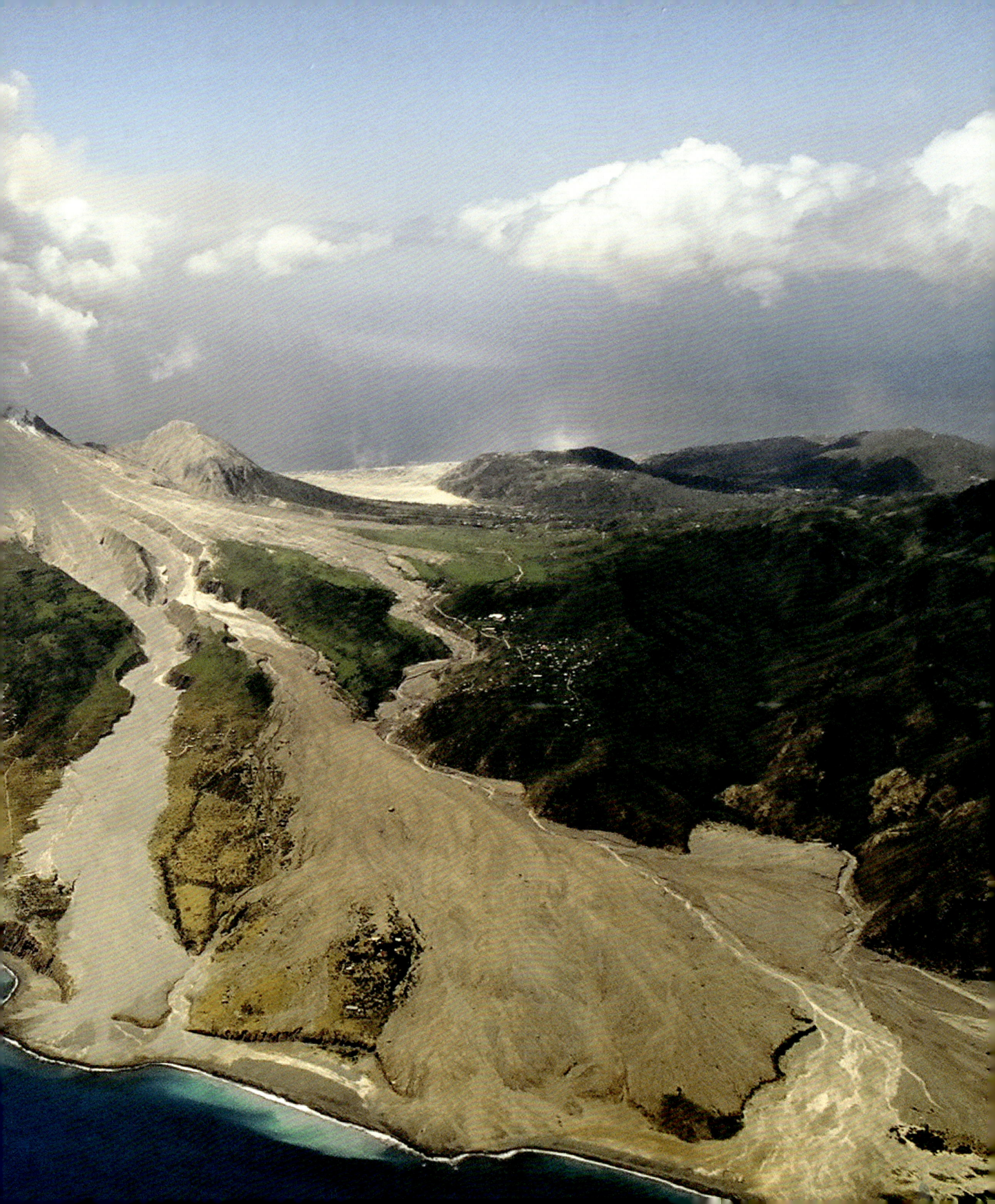

Wahrzeichen der Insel Montserrat ist der aktive Vulkan Soufrière, nur der Nordteil dieser Insel ist bewohnt (vorhergehende Doppelseite).

Den Anfang des Quartetts macht im Norden Saba, ein mächtiges Felsmassiv, das wie ein Pickel aus dem Meer herausragt: kahl und abweisend. Nur schroffe und steile Felswände sind auf der einzigen Karibikinsel ohne Palmenstrände, ohne große Hotelanlagen und ohne Marina zu sehen. Wegen ihrer Naturbelassenheit wird sie deshalb auch »unspoiled queen« genannt. Wenn das Wetter an der Westseite mitspielt, können Segler an einer der vielen Bojen festmachen und das Taucherparadies der Insel genießen (rechts).

Im inneren Antillenbogen liegen diese vier kleinen Eilande und genießen ein gutes Stück abseits der großen Touristenströme ein ruhigeres Dasein. Die ursprüngliche Karibik kommt hier noch am deutlichsten zum Ausdruck. Das Leben der Einwohner ist einfach, doch an den wichtigsten Dingen mangelt es nicht.

Das kurz nur Statia genannte Taucher- und Schnorchelparadies St. Eustatius zählt ganze 3300 Einwohner, die alle in und rund um die einzige Stadt Oranjestad leben und nur ab und an von dem Schwarm der Kreuzfahrttouristen aus ihrer Beschaulichkeit gerissen werden. Dabei war die Insel einmal einer der wichtigsten Anlaufpunkte der Kleinen Antillen. Um politischen und strategischen Einfluss in der Karibik zu gewinnen und zu erhalten, wurde Statia schon während der englischen und niederländischen Eroberungskriege zum Spielball der damaligen Seemächte. Oranjestad war zu dieser Zeit ein riesiger Markt für Waren und Sklaven sowie Umschlagplatz für Kriegsmaterial.

Schon auf den ersten Blick ist der vulkanische Ursprung von St. Christopher durch die 900 und 1150 Meter hohen Kegel South East Range und Mount Misery unübersehbar. In den weiten Tälern gedeiht auf dem fruchtbaren Boden eine üppige tropische Vegetation. Nach einem fast alles vernichtenden Großfeuer 1867 erbauten die Engländer die wie eine typische Kolonialstadt aussehende Ansiedlung auf einem rechteckigen Grundriss völlig neu auf. Die roten Telefonzellen und viktorianischen Holzhäuser belegen auch heute noch den britischen Einfluss der im Volksmund St. Kitts genannten Insel. Zur Nachbarinsel Nevis kommt man nur mit einer Fähre. Ein wenig wie ein Sombrero wirkt die Schwesterinsel von St. Christopher. Ringsherum flach und mit Sandstränden umsäumt, ragt in der Mitte Nevis Peak, ein 985 Meter hoher Vulkankegel, empor. Als Kolumbus den Berg zum ersten Mal erblickte, wurde er an die schneebedeckte Gebirgswelt der Pyrenäen erinnert und gab der Insel den Namen Nuestra Señora de las Nieves. In der kleinen Kirche auf Nevis kreuzten sich die Lebenswege zweier bedeutender Männer: Alexander Hamilton, 1752 in Nevis geboren, wurde mit 28 Jahren Adjutant des ersten amerikanischen Präsidenten George Washington. Horatio Nelson, 1758 geboren, heiratete 1787 in der St.-Johns-Kirche die Nevisianerin Francis Nesbit. Er wurde mit 28 Jahren von der britischen Krone zum Kapitän der BOREAS ernannt. Als Admiral auf dem Flaggschiff HMS VICTORY besiegte er in der Schlacht von Trafalgar im Oktober 1805 die napoleonische Flotte vernichtend. Durch eine Musketenkugel eines französischen Schützen getroffen, starb er an Bord.

Dieses Inseljuwel ist einer der wenigen noch unverdorbenen Plätze in den Antillen und trägt stolz den Beinamen »Königin der Karibik«. Von der Oberkante des Vulkankegels bis zu den Tiefen des freien Wassers gibt es eine Flora und Fauna, deren Entdeckung sich lohnt. Auf den sattgrünen Anstiegen rattern grüne Affen, im Meer schwimmen Wale vorbei. Das Motto der Insulaner ist ein Versprechen: »Bei uns bist du nur bei der ersten Landung ein Fremder.«

Montserrat

Nach mehreren Ausbrüchen des Vulkans Soufrière Hills beginnend am 18. Juli 1995 war die 102 Quadratkilometer kleine Insel fast völlig zerstört. 75 Prozent der Bevölkerung wurden evakuiert, die Hauptstadt Plymouth wurde aufgegeben und der Fremdenverkehr kam zum Erliegen. Erst ein paar Jahre später organisierten sich die verbliebenen 4500 Einwohner neu, bauten im nördlichen Teil ihre Häuser wieder auf und begannen mit einem naturverbundenen Tourismus. Der Vulkan ist immer noch mehrmals jährlich aktiv.

Heute ist zwar mehr als die Hälfte der britischen Kronkolonie aufgrund der gefährlichen Vulkanasche gesperrt, auf dem Rest im Norden kann man aber Öko- und Vulkantouren unternehmen, seltene Vögel oder Schildkröten beobachten, an vielen Spots schnorcheln, tauchen und fischen und vor allem einen sehr ruhigen Urlaub abseits des Massentourismus genießen.

Ein wenig verloren und vergessen wirkt die zu den Niederländischen Antillen gehörende Insel St. Eustatius mit ihrem alles überragenden Vulkan The Quill (601 Meter), dessen Kuppe in grauer Vorzeit bei einem Ausbruch explodierte und davonflog. Liebhaber tropischer Vegetation wandern auf den Berg und steigen hinab in den Krater zu den blühenden Gärten.

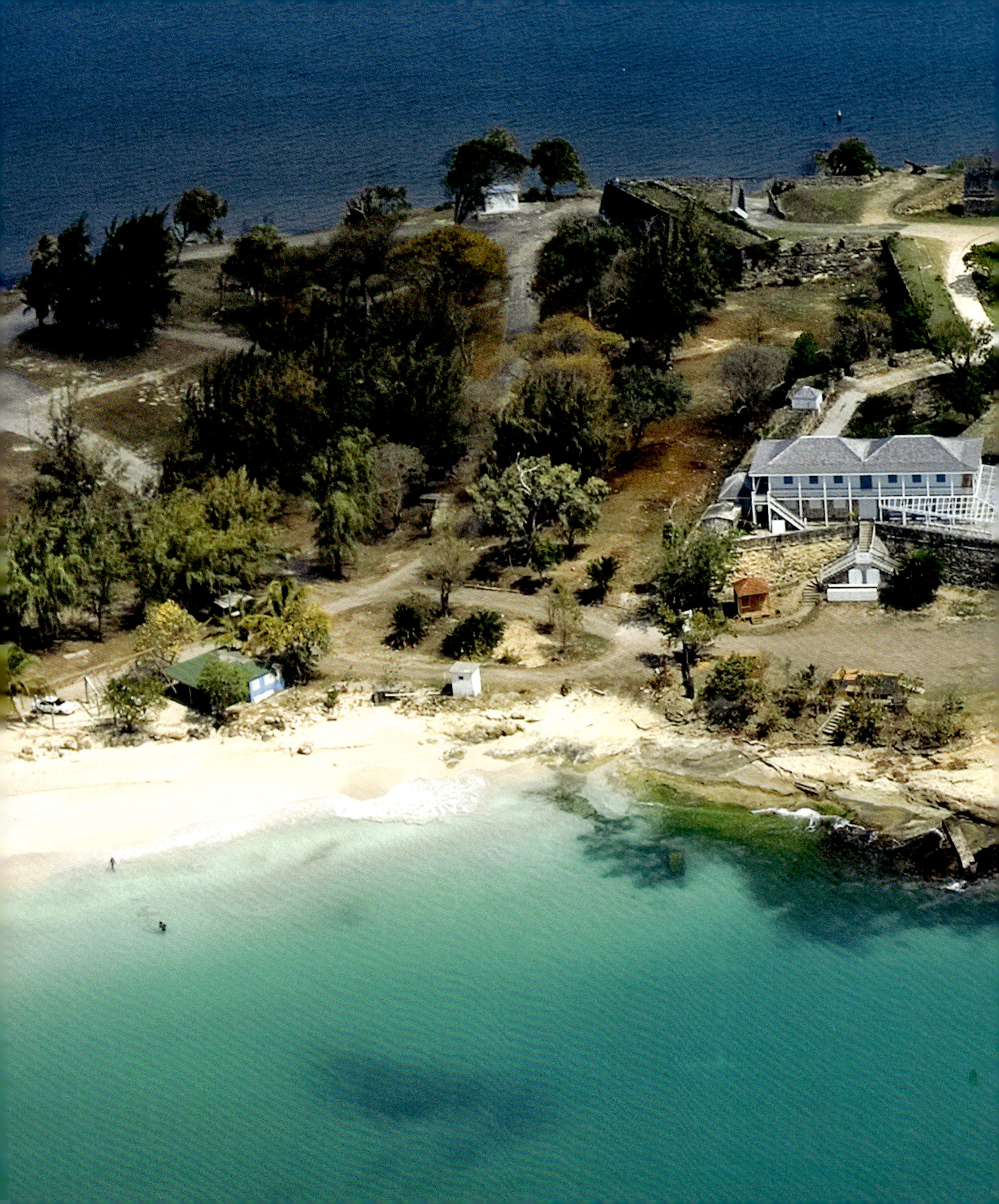

*»So groß und einfach die Welt am Strand,
nur Wind und Wolken, nur Meer und Sand.«*
(Dr. Carl Peter Fröhlich, Philosoph)

ANTIGUA UND BARBUDA –
365 STRÄNDE UND EIN SEEHELD

Als Beschützer des Hafens St. John's auf Antigua diente einst Fort James an der nördlichen Einfahrtshuk. Heute findet man nur noch Überreste und ein paar vom Rost zerfressene Kanonen (vorhergehende Doppelseite).

Nur erfahrene Riffpiloten mit einer Portion Mut navigieren durch den Korallengarten vor Barbuda hindurch bis zum Ankerplatz nahe am Strand. Von Cocoa Point Richtung West liegen auf einem schmalen Streifen zwischen Salzlagunen und Sandstrand die Beachvillen vom K-Club, die man je nach Jahreszeit für 1100 bis 3300 US-Dollar pro Tag für ein Robinsonleben mit Luxus mieten kann (unten).

Der Ankerplatz in der Cocoa Bay auf Barbuda mit dem unendlichen, weißrosa eingefärbten Sandstrand bis hin zum Cocoa Point ist einer der schönsten in der gesamten Karibik (rechts unten).

Nur Yachten mit geringem Tiefgang wagen sich bis nahe ans Ufer. Auf den Untiefen liefen schon viele Fischerboote und Yachten auf (rechts ganz unten).

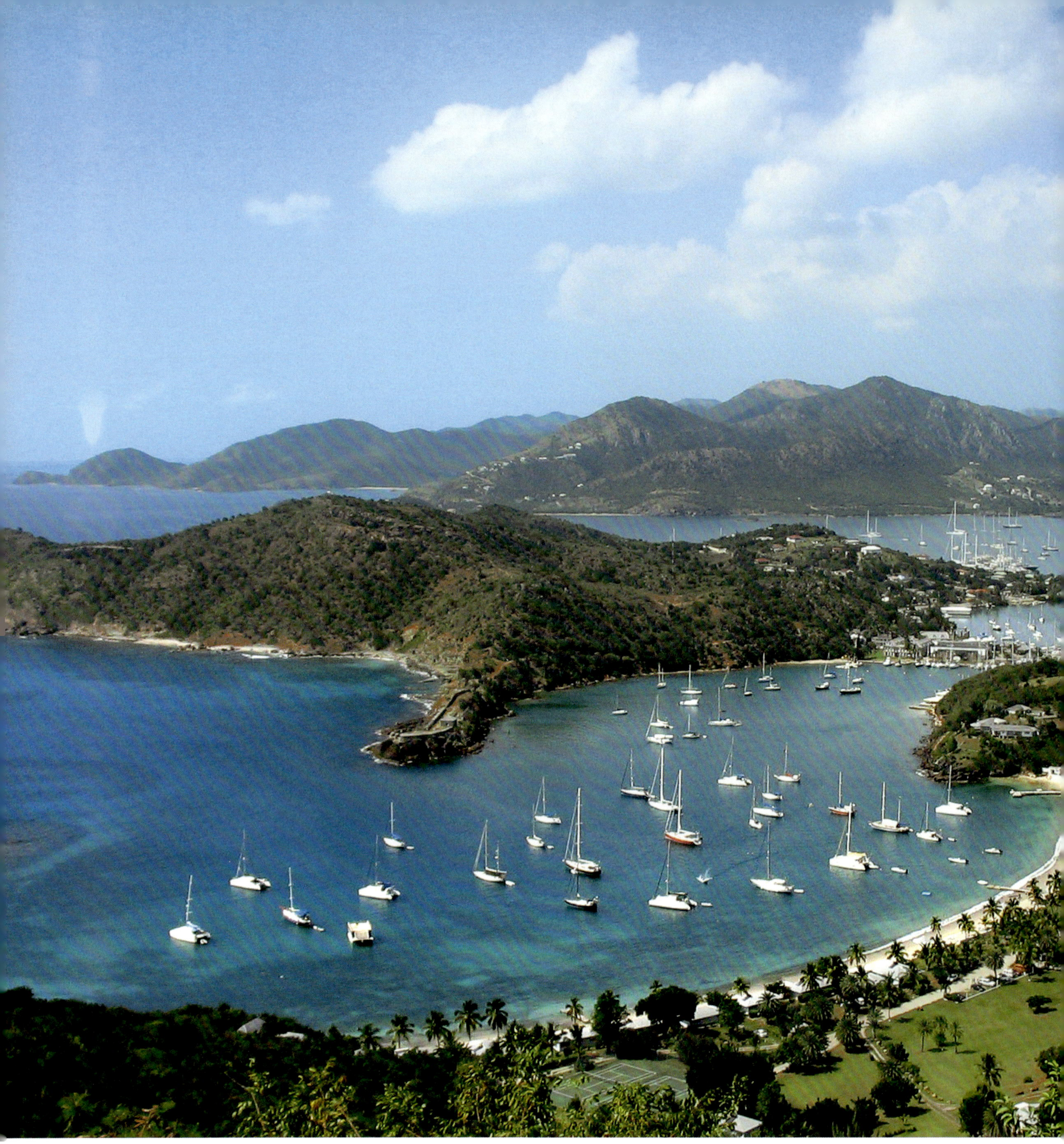

»365 feinsandige Strände, einen für jeden Tag des Jahres«, so begrüßt Antigua die Besucher der beliebten Ferieninseln. Vor vielen Millionen Jahren entstanden die beiden Schwesterninseln nach einem Vulkanausbruch unter der Meeresoberfläche. Die Siboney-Indianer besiedelten das aus Kalkablagerungen, Korallen und Vulkangestein entstandene Land bereits vor etwa 10 000 Jahren. Kolumbus entdeckte auf seiner zweiten Fahrt 1493 als erster Europäer die mit 281 Quadratkilometern deutlich größere der beiden Eilande und benannte sie nach der Heiligen Jungfrau Santa Maria de la Antigua aus der Kathedrale von Sevilla.

Wegen seiner natürlichen Häfen und der zentralen Lage im Antillenbogen wurde die Insel schon bald zu einem strategischen Verkehrsknotenpunkt in der Karibik und ist es noch immer. Heute allerdings mit dem internationalen Flughafen als Eingangstor für den ständig wachsenden Touristenstrom.

Nach einigen Schlachten um Antigua gründeten Engländer 1632 die erste ständige europäische Siedlung auf der Insel und begannen unter Führung von Christopher Codrington mit dem Zuckerrohranbau. Tausende von Sklaven wurden ins Land gebracht, um auf den Plantagen zu arbeiten, doch 1834 wurde die Sklaverei wieder abgeschafft, woran bis heute

Antigua: Welch ein imposanter Anblick vom Shirley Heights Lookout auf das Naturwunder English Harbour mit den ankernden Yachten in der Freemans Bay. In diesem hurrikangeschützten English Harbour mit seinem geschichtsträchtigen Ambiente und den liebevoll restaurierten Gebäuden im Gelände von Nelson's Dockyard fühlt man sich in die Fahrenszeit von Horatio Nelson zurückversetzt (links).

Nelson's Dockyard inmitten des Marine Nationalparks English Harbour ist die historische Schatzkammer schlechthin. Hier spürt man immer noch die alte Seefahrertradition hautnah – mit Häusern, gebaut aus englischen Ziegelsteinen, die als Schiffsballast hierherkamen. Im Admiralitätshaus ist heute ein liebevolles kleines Museum untergebracht. Die Ordnance Bay, oben links, gilt heute wie damals als sicheres Hurrikan-Schlupfloch. Mit erheblichem Aufwand wurden die gesamte Anlage samt Mole und die Gebäude nach der Jahrtausendwende restauriert. Die Kosten von über zwei Millionen US-Dollar wurden von der Europäischen Union getragen (oben).

Alles gebündelt auf 180 Hektar Fläche, Jolly Harbour & Resort auf Antigua, ein »All-inclusive-Resort«, eingerahmt zwischen Palmenstrand und Golfplatz. Die leistungsfähige Marina bietet allen erdenklichen Komfort und Service mit angeschlossener Werft, Restaurants und Kasino. Die Reihenhäuser mit Liegeplatz vor der Wohnzimmerterrasse können kurz- und langfristig gemietet werden (unten).

Die Deep Bay an der Westküste Antiguas ist die letzte Ankerbucht vor dem St. John's Harbour. Die Bucht mit einem langen Sandstrand und Restaurant für den Sundowner bietet ausreichend Argumente, um hier zu ankern. Doch Achtung: Fast inmitten der Bucht liegt das Wrack der Bark ANDREAS, die 1905 hier sank. Man sieht noch zwei Maststümpfe, die etwa 30 Zentimeter aus dem Wasser ragen. Oben im Bild die Einfahrt für St. John's Harbour und die Inselhauptstadt St. John's (ganz unten).

Blick Richtung Ost auf den 180 Hektar großen Jolly-Harbour-Komplex und den blütenweißen Strand entlang der Morris Bay.

Antiguas Hauptstadt St. John's ist ein typisches westindisches Hafenstädtchen: teils bunt, teils grau wie das Hafenwasser. Links im Bild das neue Shoppingcenter Heritage Quay, speziell für die Kreuzfahrtgäste. Für Segler ist St. John's Harbour kein Ort zum Festmachen.

jährlich der farbenfrohe Karneval Ende Juli/Anfang August erinnert.

Während der britisch-französischen Kriege wurde Antigua unter Admiral Nelson nicht zuletzt aufgrund seiner strategisch zentralen Lage zum Hauptstützpunkt der englischen Flotte in der Karibik. Im »Freilichtmuseum« Nelson's Dockyard kann man auch heute noch auf den Spuren des wohl berühmtesten britischen Admirals wandeln.

Aufgrund wirtschaftlicher Probleme kam es Mitte des 20. Jahrhunderts zu einer Unabhängigkeitsbewegung, die zur Folge hatte, dass Antigua und

Barbuda zusammen mit der unbewohnten Felseninsel Redonda im Jahre 1967 den Status eines mit Großbritannien assoziierten Staates erhielten und am 1. November 1981 die vollständige Unabhängigkeit erlangten. Bis heute ist der Independence Day der wichtigste Feiertag im Jahr und wird mit bunten Paraden in der nun parlamentarischen Monarchie gefeiert. Der Unternehmergeist der mittlerweile rund 77 000 Antiguans hat eine moderne Ferieninsel in der Karibik geschaffen. Die Naturschönheiten der Insel, die Passatwinde und natürlich auch das angenehme Klima trugen sicher dazu bei.

Antiguas Nordostküste: Zwischen Dums Point (rechts im Bild) und Indian Town Point öffnet sich diese Traumbucht. Ähnlich wie an den Küstenzonen einzelner Mittelmeerinseln stehen auch hier mehr Reihenhäuser und Villen als Bäume.

Ein offener, aber wunderschöner Ankerplatz mit klarstem Wasser liegt vor dem Rex Resort Hawksbill auf Antigua und wartet auf Besucheryachten. Die Anlage liegt zwischen Five Island Harbour und Deep Bay, der kurze Küstenstreifen hier wird unterbrochen von vielen kleinen Sandstränden. Die Turmruine links neben dem Resort erinnert an die Zeit des Zuckerrohrs auf der Insel.

Dabei hat das 1182 Quadratkilometer große Barbuda die Rolle der exklusiven Schwester eingenommen. Auf der großen Korallenplatte wurden im Süden ein paar luxuriöse Fünfsternehotels an den rosa gefärbten Korallensandstrand gebaut. Die etwa 1600 Nachkommen von Sklaven wohnen im Hauptort Codrington Village und leben auch heute noch vom Fischfang, der Jagd und touristischen Dienstleistungen. Die moderne Entwicklung lehnen die Barbudians aus Angst vor dem Verlust alter Traditionen und dem Eingriff in die Natur ab.

Die vielen Untiefen und Riffe rundherum führten zu einem wahren Schiffsfriedhof, auf dem 116 dokumentierte Schiffswracks von Havarien durch Stürme und Navigationsfehler vor dem GPS-Zeitalter zeugen.

Rickett Harbour in der Nonsuch Bay ist kein Hafen im üblichen Sinn, aber ein traumhaft schöner Ankerplatz, versteckt zwischen Antigua und dem Westzipfel von Green Island. Die der Nonsuch Bay vorgelagerten Riffe schützen die Bucht perfekt gegen die Brecher vom Atlantik.

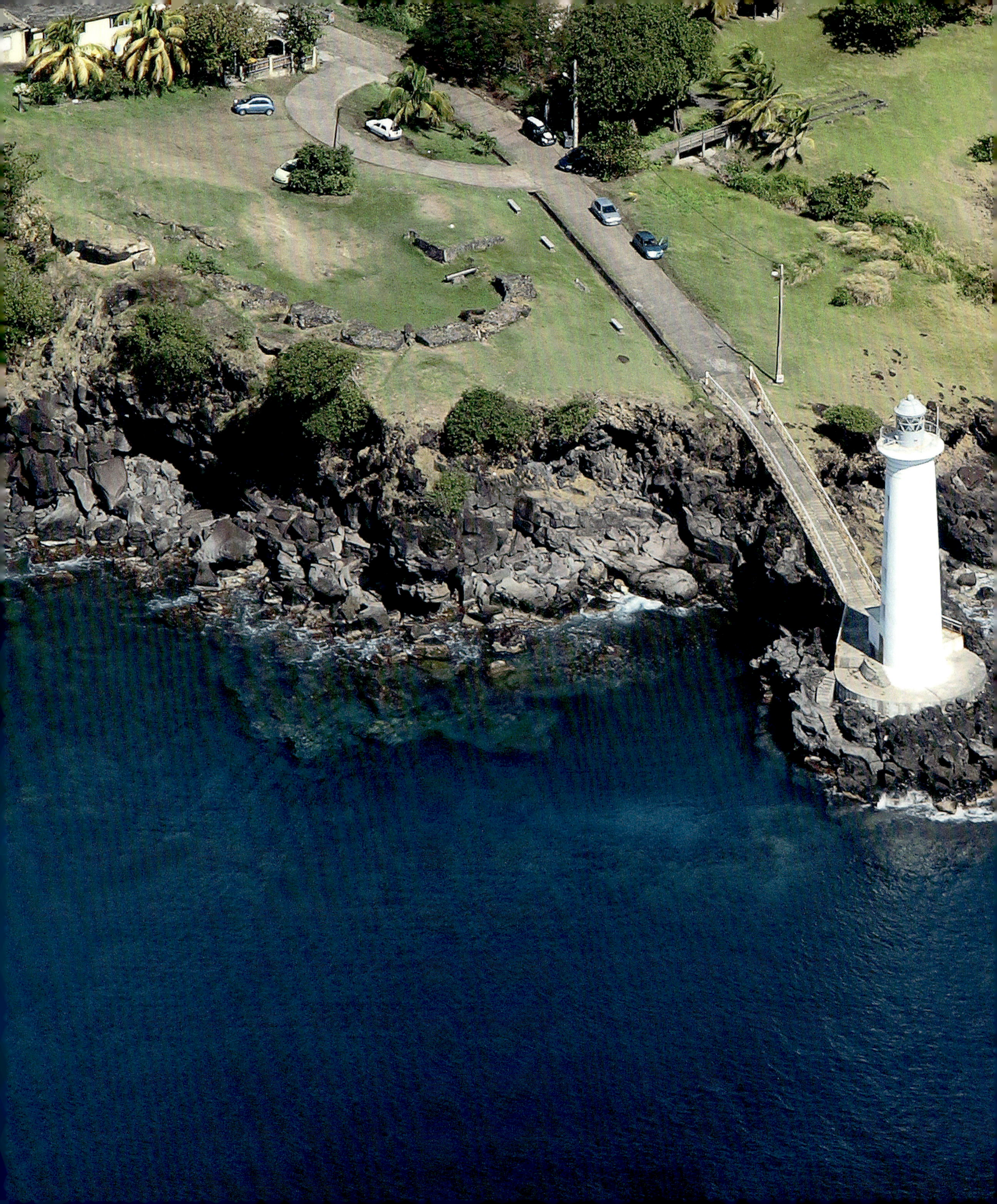

*»Ein Schmetterling ist ein
Leichtgebilde aus Licht und Freude.«*
(Else Pannek, Aphoristikerin und Dichterin)

GUADELOUPE –
INSEL DES SCHÖNEN WASSERS

Der strahlend weiße Bilderbuch-Leuchtturm am Pointe du Vieux Fort ist die erste Landmarke im Süden der Westküste Guadeloupes. Auch an Land ist die Sicht zur südlich gelegenen Inselgruppe Les Saintes atemberaubend (vorhergehende Doppelseite).

Am Eingang in die große Bucht Cul de Sac von Guadeloupe liegt das tropische Schmuckstück Îlet du Gosier. Welch eine Farbenpracht: rundherum ein Riff mit schmaler Zufahrt zum Steg. Ein Leuchtturm mit roter Spitze, Karibikidylle mit Ankerplatz wie aus dem Bilderbuch (rechts).

Das Zentrum der Yachtszene auf Guadeloupe ist die moderne Marina Bas-du-Fort am Rande der größten Stadt Guadeloupes. Unweit von Pointe-à-Pitre liegen im Haupthafen und der angrenzenden »Blauen Lagune« alle Segelcharterunternehmen mit rund 500 Schiffen. Rund um den Hafen gibt es Dutzende Bars und Restaurants, in denen täglich gefeiert wird (unten).

Die Marina Bas-du-Fort Pointe-à-Pitre ist ein moderner Dienstleistungsbetrieb, Zentrum der Yachtaktivitäten auf Guadeloupe mit allen Serviceeinrichtungen und Reparaturdiensten sowie Basis eines deutschen Charterunternehmens. Die Versorgungsmöglichkeiten innerhalb der Marina sind ausgezeichnet, die Ladenketten gut sortiert. Nationalgetränk in den Hafenbars ist der Ti-Punch, ein 59-prozentiger Rum mit einem Schuss Zuckerrohrsaft und einer Limonenscheibe. Davon sollte man besser nur einen trinken (links).

Zwei Brücken führen über den natürlichen Kanal und verbinden die beiden Inselhälften Basse-Terre und Grande-Terre. Im Vordergrund sieht man den Fischerhafen mit der Gabarre-Brücke, dahinter Flughafenlandebahn und die Alliance-Brücke. Die Brücken werden nach einem festgelegten Zeitplan geöffnet, damit Schiffe mit Mast den Kanal in beide Richtungen befahren können, um sich den zeitraubenden Umweg um die Insel herum zu ersparen (unten).

Pointe-à-Pitre ähnelt mit seinen 24 000 Einwohnern einer südfranzösischen Hafenstadt. Vorstadtwohnblocks mit Supermärkten und Straßen mit verstopftem Kreisverkehr führen zu den Villen am Meer. Die Stadt am La Darse, dem Hafenbecken mit 100-jährigen Bäumen und Häusern mit Balkonbalustraden, ist laut und geschäftig. Sehenswert ist das Museum Schoelcher, benannt nach dem französischen Freiheitskämpfer Victor Schoelcher, der sich (Mitte des 19. Jahrhunderts) maßgeblich für die Sklavenbefreiung eingesetzt hat (unten).

Südlich der Hauptstadt Basse-Terre am Fuße der Vulkanberge liegt malerisch die Marina Port de Rivière Sens. Von den vielen Beschädigungen durch den Hurrikan »Lenny« im Jahre 1999 hat sich die Anlage erholt und bietet über 100 Yachten Platz (ganz unten).

Wie bei einem Schmetterling ist die französische Insel Guadeloupe in zwei Flügel geteilt, die allerdings unterschiedlicher kaum sein könnten. Der östliche Kalksteinflügel Grande-Terre mit dem Handelszentrum Pointe-à-Pitre ist flach und trocken, umgeben von weißen Sandstränden. Zuckerrohrplantagen, Bananenfelder und der Tourismus prägen das Bild. Der westliche Flügel Basse-Terre besteht aus vulkanischem Gebirge, dessen Gipfel bis auf 1467 Meter Höhe ansteigen. An den Hängen des höchsten Vulkans La Soufrière im geschützten Parc Naturel

Vor dem verträumten Ort Deshaies mit seiner schönen Kirche, den kleinen Strandrestaurants und Geschäften in der Hauptstraße sowie dem schönsten botanischen Garten auf Guadeloupe sind die Ankerplätze in der Anse Deshaies sehr beliebt. Hier werden die Papiere von Yacht und Crew gestempelt, wenn man auf dem Wasser ankommt oder Richtung Nord weitersegelt.

Mitten zwischen den Rifflandschaften im Norden liegt die beliebte »einsame Insel« L´Ilet Caret. Einheimische und Hotelurlauber fahren mit kleinen Motorbooten für ein Picknick auf die Sandbank mit dem winzigen Palmenwäldchen. Die Riffgebiete ringsherum sind ideale Schnorchelreviere.

Der Brackwasserkanal Rivière Salée mündet im Norden in ein Delta mit vielen grünen Mangroveninselchen, die nahtlos in Rifflandschaften übergehen. Aus der Luft durch seine unberührte Einsamkeit ein schönes Naturschauspiel (oben).

ziehen sich klare Bäche durch die Regenwälder. Dem Betrachter wird schnell klar, warum die Indianer ihre Insel Karukera als Insel des schönen Wassers bezeichneten, denn viele Wasserfälle stürzen sich bis zu 130 Meter in die Tiefe. Bananenstauden und die schwarzen Strände aus Lavasand kennzeichnen Basse-Terre mit der gleichnamigen Hauptstadt.

Guadeloupe ist die Hauptinsel des französischen Übersee-Départements mit den weiteren Inseln La Désirade, Marie-Galante und Les Saintes. Man zahlt mit Euro, spricht Französisch und fühlt sich trotz der über Jahrhunderte entstandenen Mischung vieler Kulturen und Völker fast wie in Europa an der Côte d'Azur.

Der kürzeste Weg von der Marina Bas-du-Fort nach Antigua im Norden führt durch die Rivière Salée-Passage, zuerst durch einen engen Brackwasserkanal mit Mangroven zu beiden Seiten und danach weiter durch ein betonntes Riffgebiet. Es gibt zwei Passagen ins offene Meer: im Osten die Passe à Colas, das Bild zeigt die Passage bei ruhiger See. Bei Starkwind von Nord ist diese Passage aber nicht zu empfehlen. 3,5 Seemeilen westlich davon liegt die Passe à Caret mit dem Trauminselchen L´Ilet Caret (unten).

Obwohl Kolumbus den Schmetterling bereits 1493 entdeckte, wehrten sich die karibischen Ureinwohner erfolgreich gegen die Spanier. Erst 1635 gelang es den Franzosen, die Insel zu kolonisieren. Die Kariben mussten auf den neu errichteten Zuckerrohrplantagen arbeiten, wehrten sich aber immer wieder gegen diese Sklaverei. Nach langen Kämpfen wurden sie schließlich auf die Nachbarinsel Dominica ausgesiedelt und sich selbst überlassen.

Um den Plantagenbetrieb aufrechterhalten zu können, wurden nun »freie« Kontraktarbeiter vor allem in Indien angeworben und nach Guadeloupe gebracht. Der Plantagenbesitzer bezahlte

Eher als Geheimtipp wird die Marina du Saint François in dem ehemals kleinen Fischerdorf auf Grande-Terre unter den Fahrtenseglern gehandelt. Abseits der üblichen Törnrouten findet man hier einen ruhigen Liegeplatz. Das gleichnamige Städtchen liegt ebenfalls abseits der Touristenströme und lockt mit seinen kleinen Restaurants, Bars, einem Golfplatz und einem Flughafen für private Vereine und einer Flugschule (unten).

Aus dem Landesinneren von Grande-Terre schlängeln sich kleine Flüsschen durch Mangrovenwälder gen Norden und münden, wie hier der Canal de Perrin, in den Grand Cul-de-Sac Marin (rechte Seite).

Die spektakulären Chutes-du-Carbet-Wasserfälle stürzen in mehreren Stufen bis zu 130 Meter in die Tiefe herab. Eine kleine Wanderung quer durch den Regenwald führt zu den größten Fällen der Kleinen Antillen. Ausgangspunkt an der Südost-Küste von Basse-Terre ist der historische Ort Capesterre Belle Eau, der Ort der schönen Wasser, wo Kolumbus seine Schiffe mit Wasser versorgt hat (rechts).

die Überfahrt, dafür mussten die Kontraktarbeiter zwischen drei und fünf Jahre auf seiner Plantage arbeiten. Dann waren sie frei und konnten zurückkehren oder auf Guadeloupe bleiben. Insgesamt kamen zwischen 1854 und 1889 auf diese Weise 42 000 Inder nach Guadeloupe.

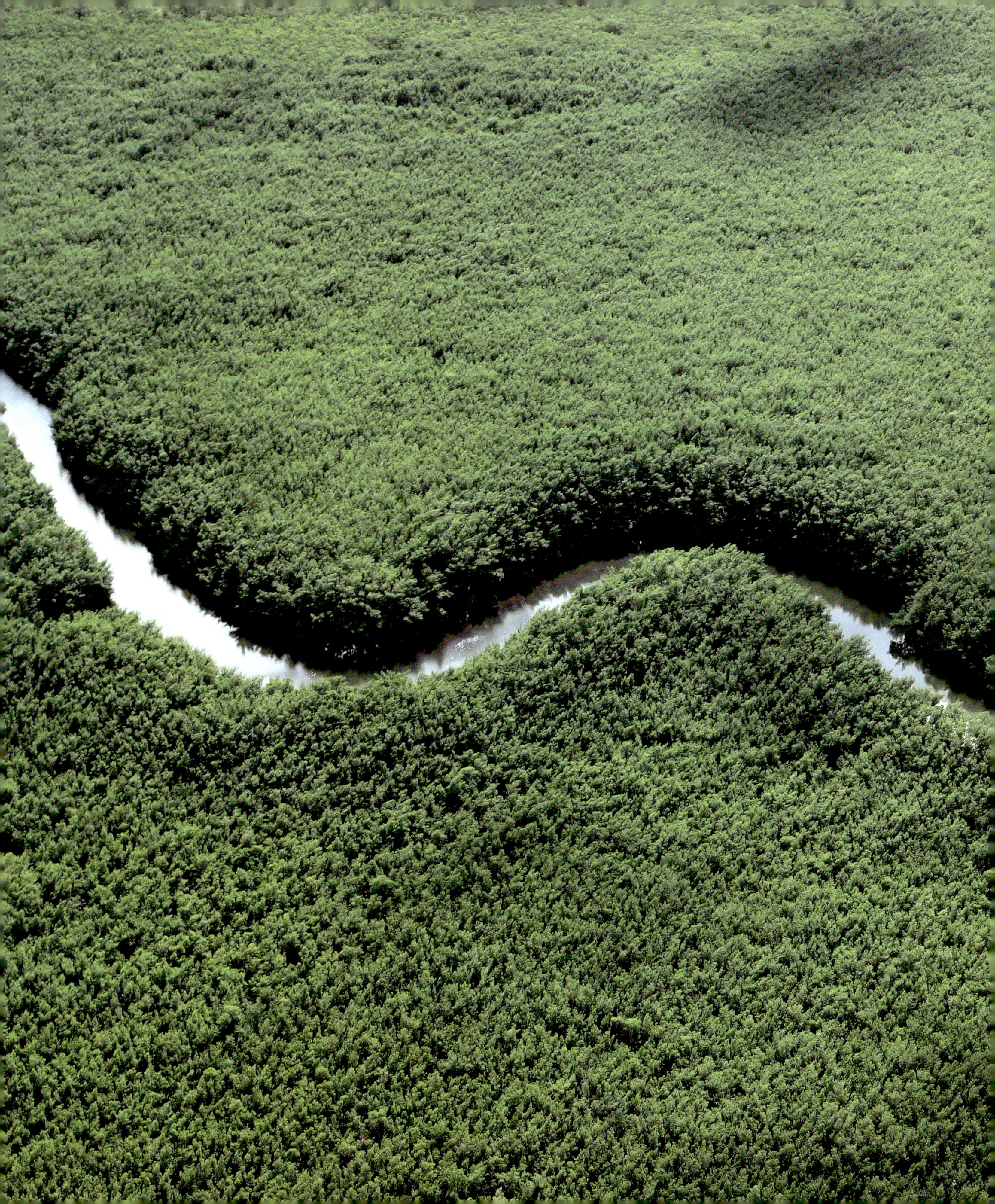

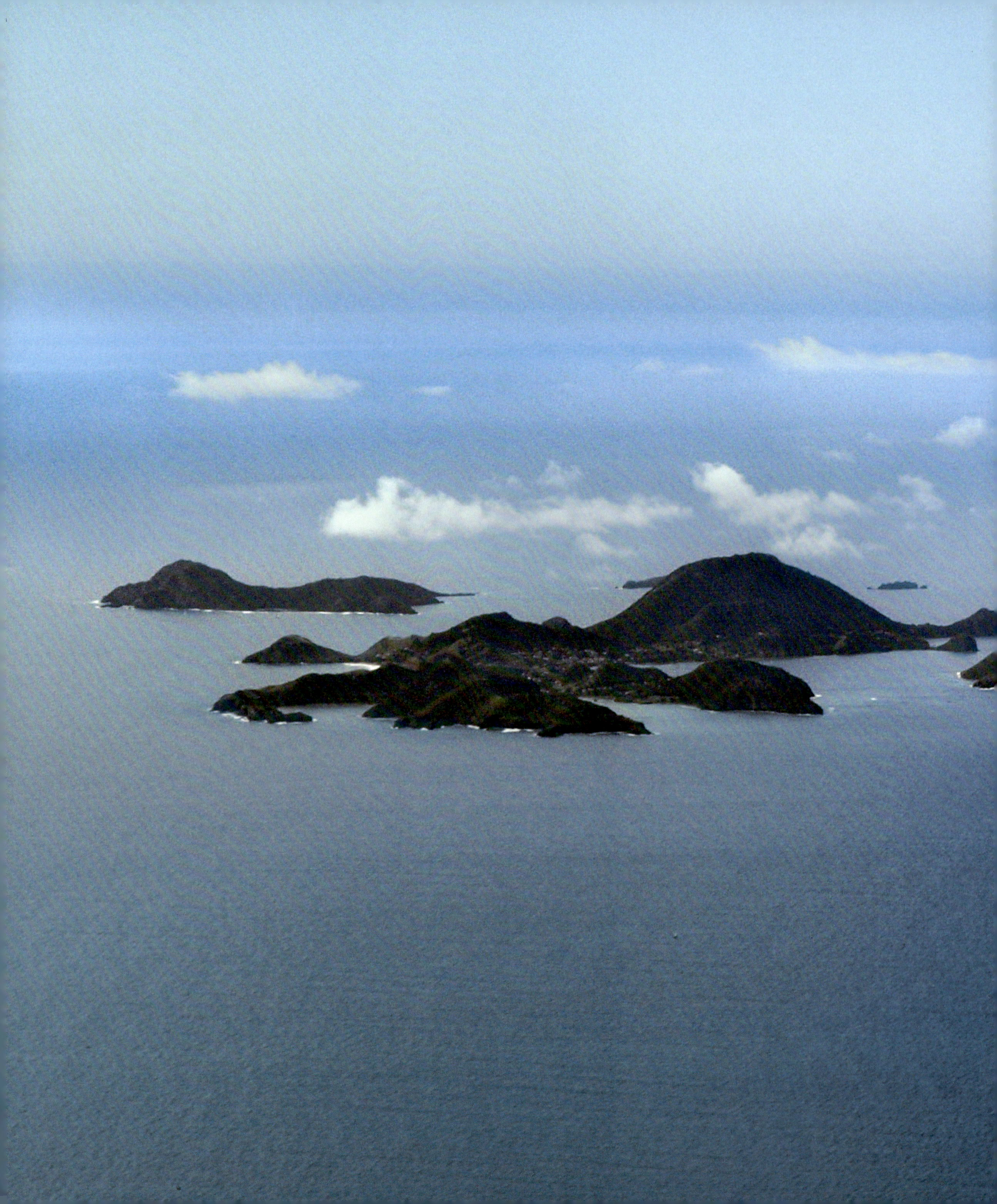

»Die Meere sind der sichtbare Beweis dafür,
dass Gott über seine Schöpfung geweint hat.«
(Paul Fort, Dichter und Dramatiker)

ÎLES DES SAINTES –
DIE INSELN DER HEILIGEN

Wie in einer Mondlandschaft »schweben« die »Saintes« aus der Ferne betrachtet über dem ruhigen Karibischen Meer. Dieses Bild entstand mit einem starken Teleobjektiv rund zehn Seemeilen entfernt auf einem Flug nach Martinique bei ausnahmsweise guter Sicht (vorhergehende Doppelseite).

Auf einer Anhöhe von Terre de Haut thront seit 1876 Fort Napoléon, einst Befestigungsanlage und heute Museum mit historischen Möbeln, Schiffsmodellen und einer Sektion der »Battle of the Saintes«, bei der Englands Admiral Rodney die französische Flotte 1782 vernichtend schlug (unten).

In dem schmucken Bourg des Saintes kommen die Gäste mit Fähren oder Yachten an, wenn sie auf den im Süden vor Guadeloupe gelegenen Les Saintes Urlaub machen möchten. Sommerresidenzen reicher Insulaner, exklusive Restaurants und Boutiquen prägen das Stadtbild.

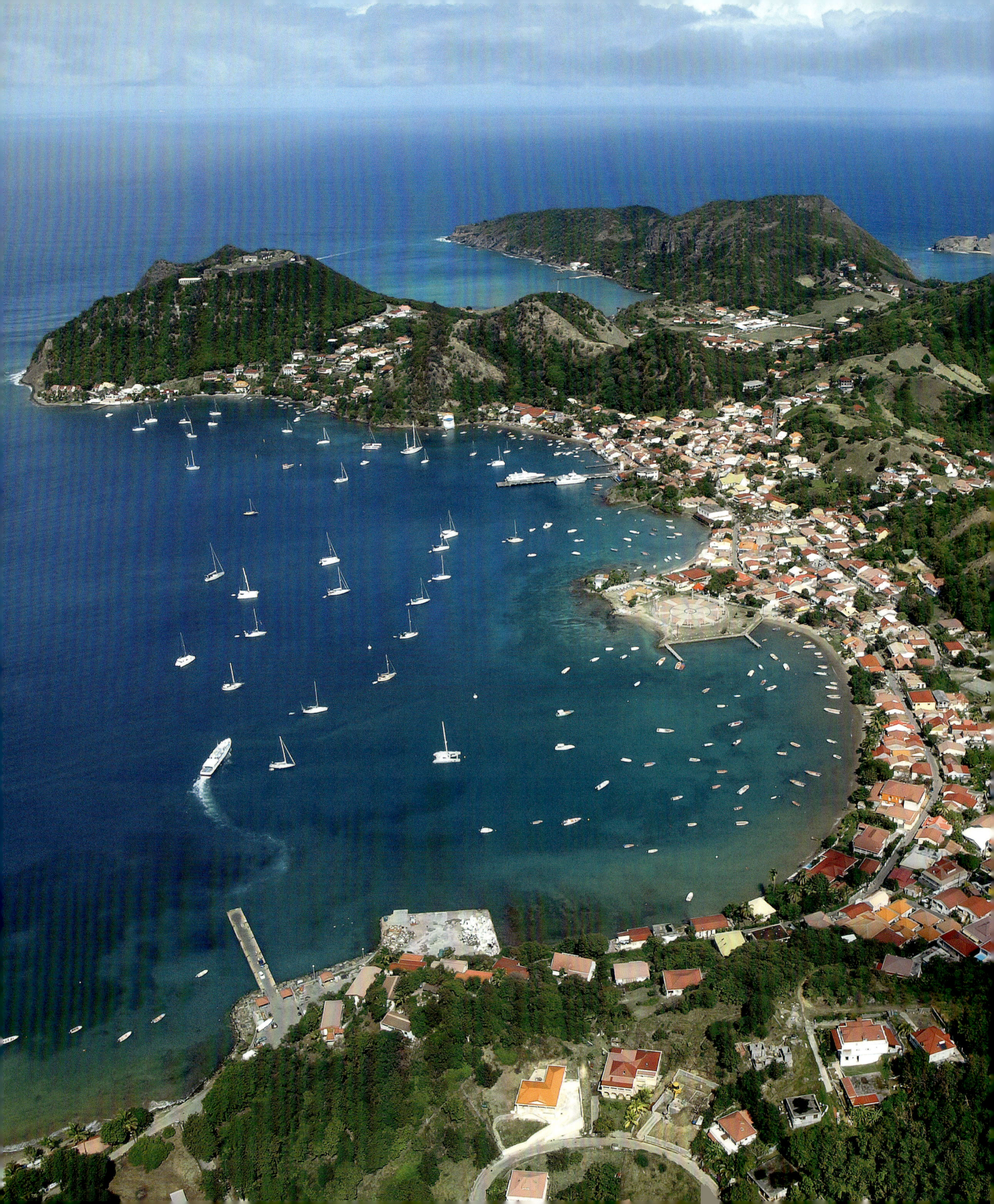

Die kleine Landepiste der Saintes auf der malerischen Insel Terre de Haut wird nur noch selten benutzt. In der Bucht ankern Fahrten- und Chartersegler, die am regen Treiben in der Stadt teilnehmen wollen.

Die Îles des Saintes sind eine Inselgruppe, deren sieben Inseln nur wenige Seemeilen südlich von Guadeloupe liegen und zusammen gerade einmal 13 Quadratkilometer klein sind. Die 1200 »Santoises« auf Terre de Haut sind echte Gallier und Nachkommen bretonischer Seeleute. Für Frankreich war die Insel früher ein strategisch wichtiger Punkt im Kampf gegen die Engländer. Im Fort Napoléon auf einem Hügel werden historische Möbel und eine geschichtliche Übersicht der »Battle of the Saintes« gezeigt, bei der Admiral Rodney die französische Flotte unter Admiral De Grasse am 12. April 1782 vernichtend schlug. Ein kleiner Flughafen und Schnellfähren verbinden die Insel mit Guadeloupe. Die Inselgruppe liegt an einer Wetterscheide zwischen Guadeloupe und Dominica, wo sich die Wolkenmassen an den gebirgigen Inseln abregnen, während hier die Sonne unbarmherzig vom Himmel brennt. An Wochenenden gleicht die Insel einem Ameisenhaufen, wenn die Touristen aus Guadeloupe herüberkommen.

Wer es ruhiger mag als im Schmelztiegel Bourg des Saintes, findet die fast verlassene Bucht Pont Pierre nur wenige Seemeilen entfernt. Zwischen den rauen Felsen liegt der einladende weiße Sandstreifen mit einigen Palmen. Für Segler ist dieser Ort allerdings nicht zugänglich, denn Ankern ist streng verboten.

Die »Îles des Saintes« bestehen aus sieben Inseln. Im Vordergrund links »Ilet a Cabrit« vor einer der beiden Hauptinseln »Terre de Haut«. Rechts im Hintergrund ist die unbewohnte, 165 Meter hohe »Grand Ilet« zu sehen.

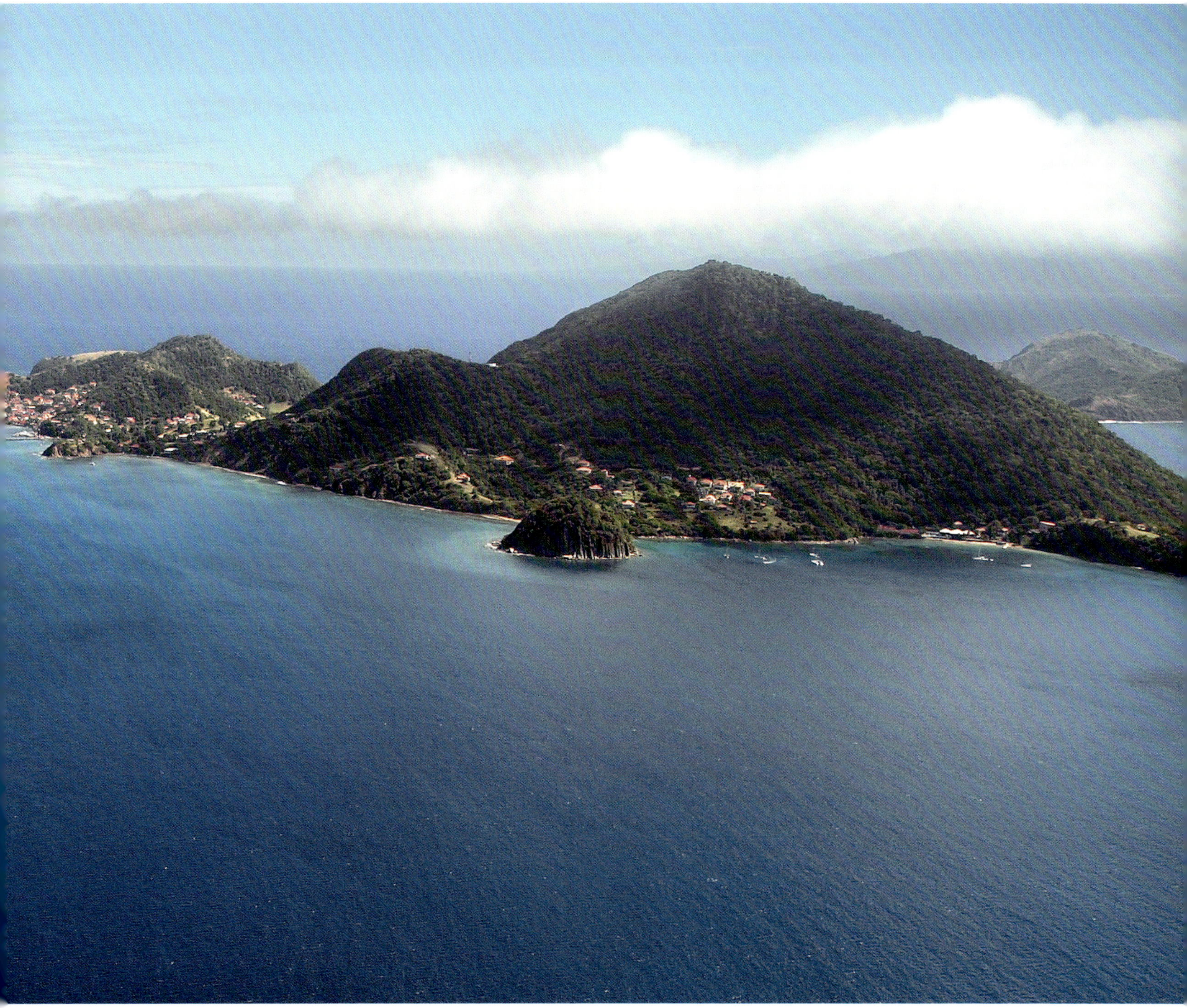

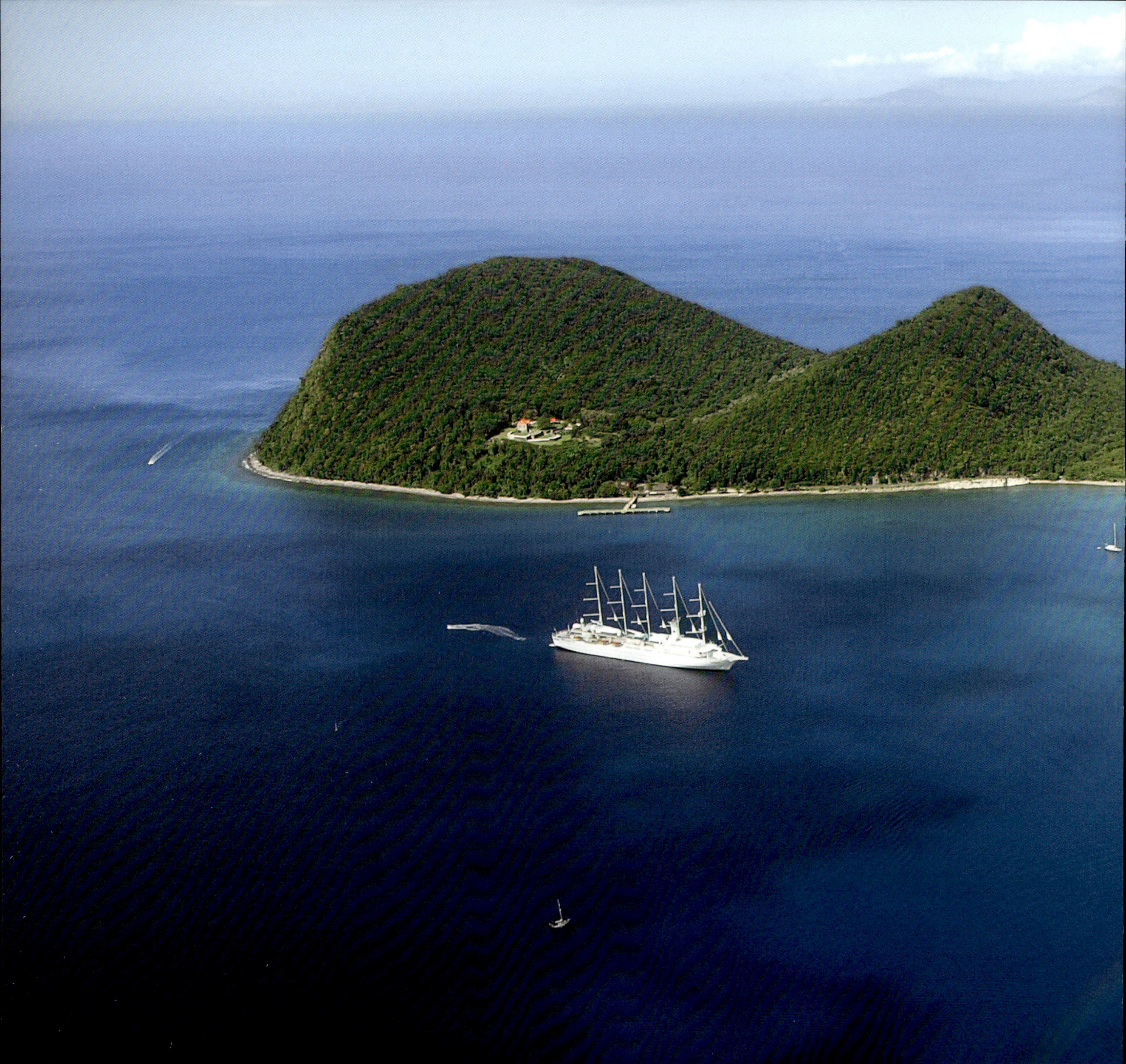

»Wenn man die Natur wahrhaft liebt, so findet man es überall schön.«
(Vincent van Gogh, Maler)

DOMINICA – NATUR PUR

Die Prince Rupert Bay im Nordwesten von Dominica ist ein wildromantischer Ankerplatz mit dem größten Schiffsfriedhof der Leewards. Die Halbinsel Cabrit im Norden bietet Schutz gegen Wind und Seegang. Rund um die weit geschwungene Bucht liegen die Städtchen Portsmouth und Glanvilla mit dem weit und breit schönsten Sandstrand. Vom Ankerplatz aus kann man den Indian River bis tief in den Urwald hochfahren und Papageien beim Flug beobachten. Gleich am Ufer warten im Ort die Köche kleiner Strandrestaurants mit scharf gewürzten, kreolisch zubereiteten Fisch- und Hähnchenspeisen (vorhergehende Doppelseite).

Der steil von acht auf 40 Meter abfallende Meeresgrund vor der Südspitze Dominicas ist einer der besten Tauchspots. Der kleine Felsvorsprung heißt Scott's Head, auf ihm sind die Ruinen des Fort Cachacrou zu besichtigen (unten).

Zwischen den beiden französischen Inseln Guadeloupe und Martinique liegt die 751 Quadratkilometer große Vulkaninsel Dominica. Das mit unvorstellbarem Naturreichtum gesegnete Land ragt mit einem satten Grün der Berge aus dem tiefen Blau des Karibischen Meeres empor.

»The Nature Island«, wie es der Beiname verspricht, hat eine üppige und bunte Tier- und Pflanzenwelt vorzuweisen. Mehrere Naturparks schützen »365 Flüsschen und Bäche – für jeden Tag einen«, mehrere spektakuläre Wasserfälle, einige der höchsten Berge der Karibik und viele Vögel in den nahezu undurchdringlichen Regenwäldern. Riesenfarne, Mahagonibäume, Zedern und Callas bilden die Hauptvegetation in den Bergen. Der riesige See Boiling Lake mit unterirdischen Schwefelquellen wurde erst 1922 entdeckt.

Der im Tropenwald lebende, grün gefiederte Kaiseramazonenpapagei ist der Wappenvogel Dominicas und schmückt auch die Nationalflagge. In den beliebten Tauchgründen rings um die Insel kann man manchmal sogar Wale sehen – ein besonderes Angebot (»Whalewatching«) der Insulaner. Die UNESCO bedankte sich für die intensiven Bemühungen der weitsichtigen Regierung mit der Ernennung des Gebietes rund um den Vulkan Morne Trois Pitons zum Weltkulturerbe. Die karibischen

Bei einem verheerenden Brand wurde Roseau, die Hauptstadt Dominicas, 1805 völlig vernichtet und im Kolonialstil wieder aufgebaut. Nach einer weiteren Naturkatastrophe, dem Hurrikan »David« im Jahre 1979, gesellten sich dann moderne Wohnblocks hinzu.

Auf der Halbinsel Cabrit von Dominica liegt mitten in einem Nationalpark die gut rekonstruierte Ruine von Fort Shirley. Hier bekommt man einen Einblick in die Lebensweise der einst hier stationierten Engländer und Franzosen und genießt einen Traumblick über die Prince Rupert Bay (rechts).

Zahlreiche Flüsse entspringen in den vulkanischen Regenwäldern und stürzen mit Wasserfällen gespickt steil zur Westküste Dominicas. Viele kleine Ansiedlungen haben sich überall auf der Insel an deren Ufern und Mündungen entwickelt.

Indianer nannten ihre Insel Waitikubuli, Land der vielen Schlachten. Sie verteidigten ihr Land erfolgreich mit Speer und Bogen bis Ende des 18. Jahrhunderts. In einem 1400 Hektar großen Reservat im Nordosten der Insel leben noch einige Hundert Kariben mehr schlecht als recht in kleinen Gemeinden. Es ist die Heimat der letzten Kalinago-Indianer. In dem politisch eigenständigen Dominica leben 72 600 Dominicaner, größtenteils Nachfahren afrikanischer Sklaven.

Der Touristenstrom zieht an der Insel vorbei, es fehlt die touristische und maritime Infrastruktur. Weder gibt es einen modernen Flughafen, noch Marinas oder ausreichend Hotelkapazitäten. Dominica setzt auf Ökotourismus wie Walbeobachtungen, Tauchsafaris im Bereich Scott's Head oder Regenwaldwanderungen. Für den Bau von Häusern gelten einfache Gesetze: Die Gebäude dürfen nicht höher als eine ausgewachsene Palme sein. Schwerpunkt der Besiedlung sind die Orte um Roseau und Portsmouth sowie der Küstenstreifen an der Ostküste.

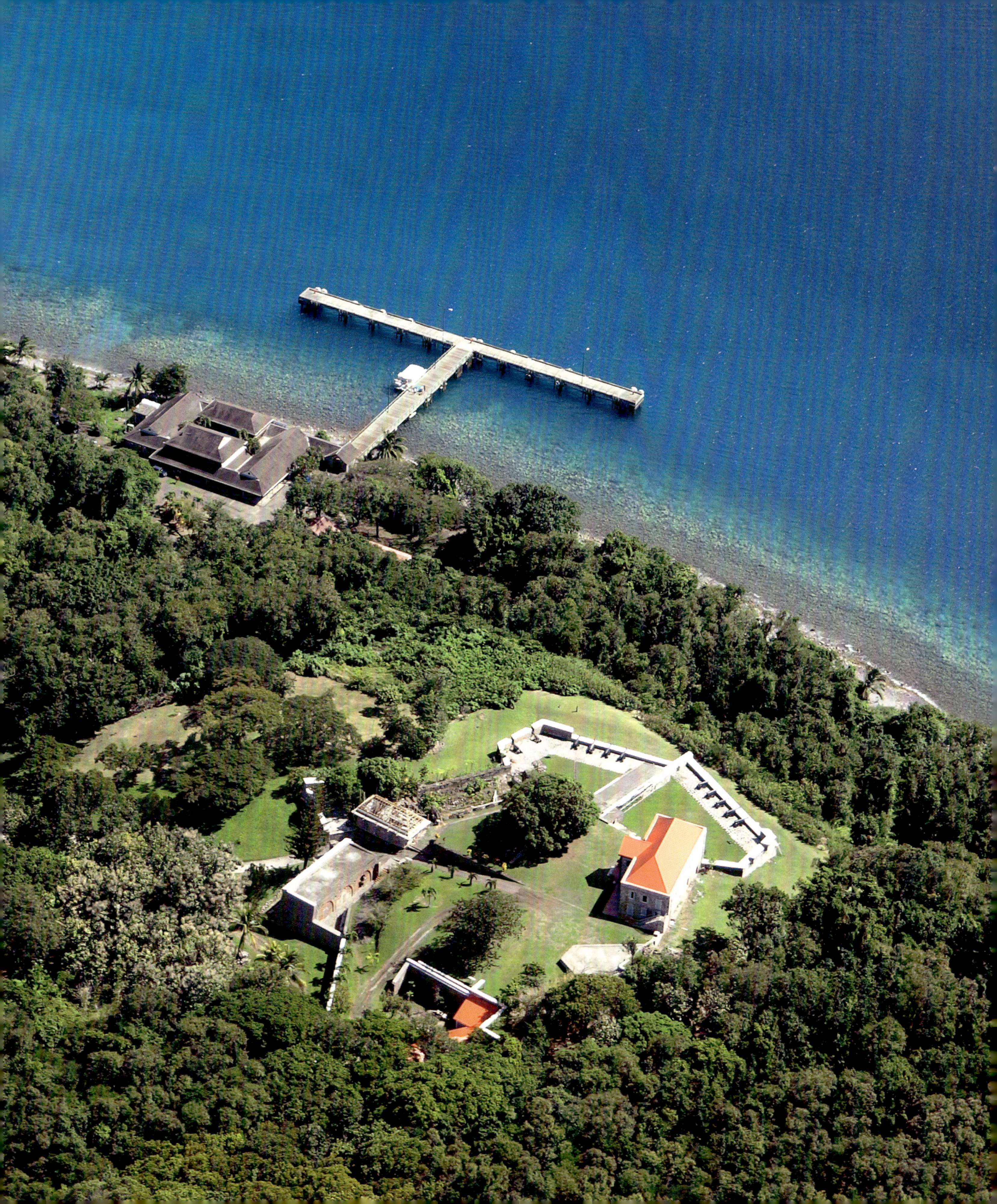

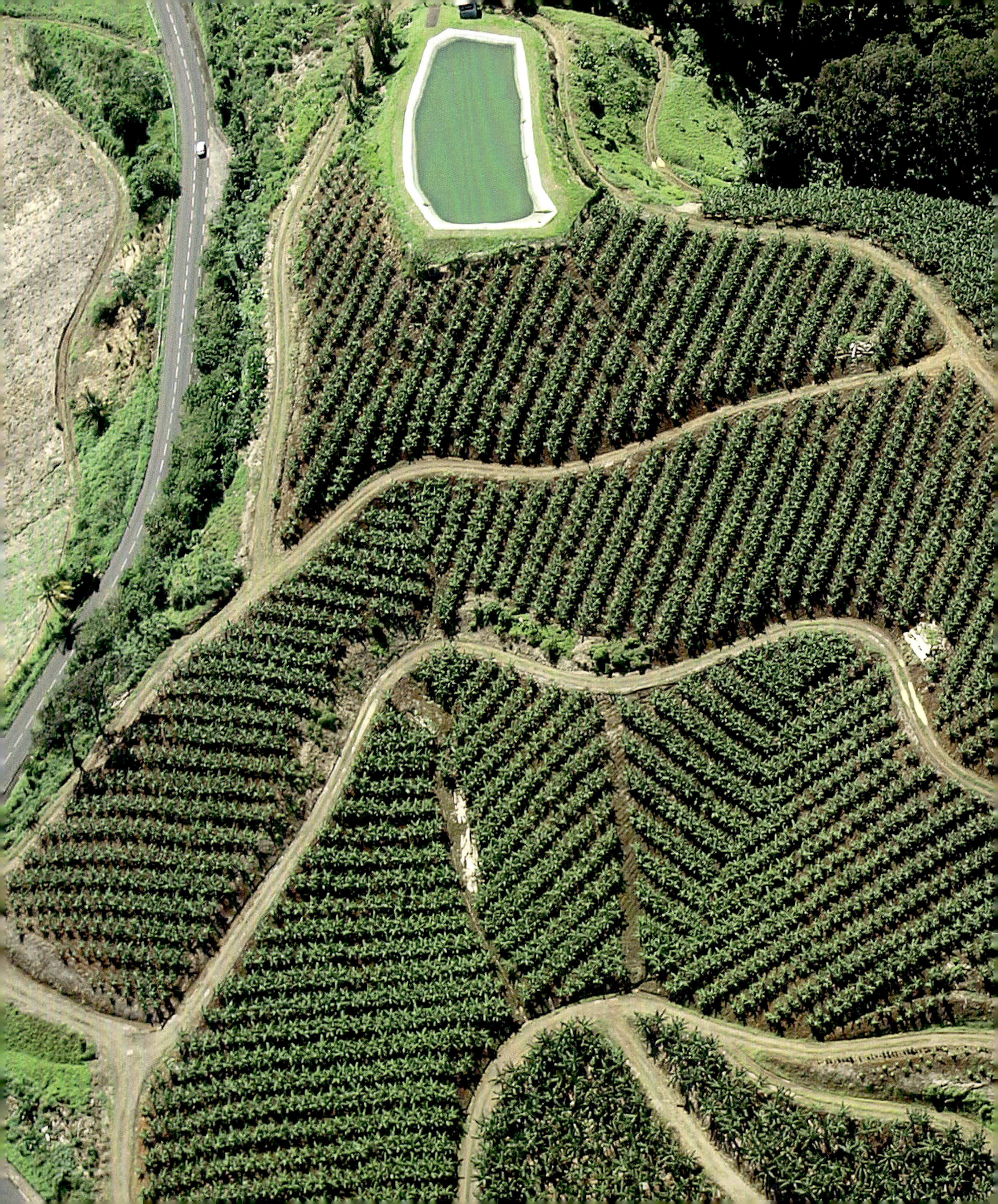

»Wenn du ein Schiff bauen willst, so trommle nicht Männer zusammen, um Holz zu beschaffen und Werkzeuge vorzubereiten, sondern lehre die Männer die Sehnsucht nach dem endlosen weiten Meer!«
(Antoine de Saint-Exupery, Schriftsteller und Flieger)

DIE WINDWARD ISLANDS –
DER URTÜMLICHE SÜDEN

Welch eine grüne Pracht: die Bananenfelder werden überall auf Martinique in die Landschaft eingebettet. Mit 40 Prozent der gesamten Exportgüter sind die gelben Früchte das wichtigste Produkt der Karibikinsel. Sogar ein Bananenmuseum in Sainte Marie wurde für die bedeutende Frucht errichtet (vorhergehende Doppelseite).

Paradies an der Côte du Vent: Der Lavapickel Îlet Frégate mit Haus und Privatriff an Martiniques windiger Ostküste deutet auf einen ultimativen Ort in der Einsamkeit hin. Auf der Landkarte erfordert es einen genauen Blick, um das Kleinod im Riffgebiet der Cul de Sac Frégate zu finden. Nur erfahrene »Riffpiloten« wagen die Navigation durch die engen Riffpassagen zu den traumhaft schönen Ankerplätzen rund um das Eiland (unten).

M artinique, St. Lucia, Palm Island und die Grenadinen – das sind Namen, die ins Ohr gehen und Sehnsucht nach palmenumsäumten Stränden mit türkisgrünem Wasser in den einsamen Badebuchten wecken. Diese schöne Inselwelt hat ungewöhnlich viele Gesichter. Besonders krass sind die Gegensätze zwischen dem französischen Martinique im Norden, die Insel hat den Status eines Übersee-Départements, und den unabhängigen Inselstaaten weiter im Süden. Das Nord-Süd-Gefälle beruht in erster Linie auf der unterschiedlichen Wirtschaftslage.

Die tief ins Land eingeschnittene Bucht Cul-de-Sac du Marin liegt malerisch im Süden Martiniques. Die nicht ganz einfache Ausfahrt aus der Marina Le Marin führt an großflächigen Riffen vorbei nach Süden. Links erkennt man die von Mangroven umsäumte Einfahrt in das Hurrikan-Schlupfloch Baie des Cyclones. Die Marina rechts im Bild bietet eine vollständige Logistik für einen ausführlichen Stopp oder auch längere Aufenthalte. Mehrere Supermärkte, ein direkt auf die Boote liefernder Cateringservice, viele kleine Spezialgeschäfte für Taucher, Angler oder Schiffszubehör und einige Restaurants öffnen für die Chartergäste aus aller Welt.

Während Martinique und deren Bürger mit Euro aus dem EU-Topf für die Sozialversicherung und Waren unterstützt werden, leben die eigenständigen Inseln im Süden von dem, was die Scholle abwirft, und vom Tourismus. Lebensstil und der Zustand des Gemeinwesens sind von Insel zu Insel entsprechend verschieden. Ein kreolisches Sprichwort aus Martinique heißt frei übersetzt: »Ein leerer Sack steht nicht aufrecht«. Auf den ärmeren Inseln leben die Menschen vielerorts noch nach althergebrachten Bräuchen und Traditionen.

Rocher du Diamand, ein 176 Meter hoher Felsbrocken vor der Südküste von Martinique, erhielt im Januar 1804 von den britischen Seestreitkräften den Status eines Kriegsschiffes und wurde mit Schiffsartillerie, Offizieren und Mannschaften bestückt. Als HMS DIAMOND ROCK war der Felsen im Dienste seiner Majestät für die Franzosen fast zwei Jahre uneinnehmbar. Erst als rein zufällig ein Schiff in der Nähe strandete und rein zufällig 50 Fässer Rum vor Rocher du Diamond trieben, war kurze Zeit später das Schicksal der Besatzung von HMS DIAMOND ROCK besiegelt. Der Felsbrocken wurde wieder das, wozu er am besten geeignet ist: ein Paradies für Vögel (unten).

In der Bucht von Ste. Anne liegen die beliebtesten Strände der Insel aufgereiht bis zum Club Med Les Boucaniers. Zwischen Kokospalmen und weißem Sand hat die Hotelkette einen tropischen Garten und moderne Bungalows errichtet. Vom geschwungenen Steg aus starten die Gäste zum Tauchen und Fischen. Südlich davon liegt ein beliebter Ankerplatz, den Yachties gerne als Startpunkt zur 26 Seemeilen entfernten Urlaubsinsel St. Lucia wählen (ganz unten).

Auch die Landschaftsbilder sind völlig unterschiedlich. St. Lucia, St. Vincent und Grenada sind Naturschönheiten mit Regenwäldern, grünen Landschaften und fruchtbarem Boden, die Bewohner auf den trockenen Grenadinen-Inseln kämpfen dagegen um jeden Tropfen Wasser. Für den Reisenden ist dieses Revier noch ein kleiner Teil des übrig gebliebenen »Westindien« und deshalb auch der schönste und aufregendste Abschnitt der Karibik.

Die pittoreske Ankerbucht Anse d'Arlet mit dem alten Fischerort und einem zwei Kilometer langen Sandstrand ist ein bevorzugter Ankerplatz an der Südwestküste von Martinique. Dahinter liegen in wild wuchernder Tropenvegetation die Sommervillen der wohlsituierten Inselbewohner. Restaurants gibt es rund um die Bucht, sogar eines mit schwäbischer Küche: Chez Gabi liegt im Ort.

Martiniques Hauptstadt Fort-de-France liegt eingebettet am Fuß grüner Hügel in die Baie des Flamands um das Fort St. Louis. Bei Tag verwandelt sich die Metropole mit ihren 120 000 Einwohnern in einen quirligen Ort. Die vielen Bars, Restaurants, Läden und das Verkehrschaos mit dem allgegenwärtigen Lärm erinnern an Innenstädte in Frankreich. Ein buntes Element bilden die Märkte, wo alles, was auf der Erde wächst und im Meer schwimmt, angeboten wird. Für den ständig wachsenden Kreuzfahrttourismus wurde die neue Pier weit in die Bucht verlängert.

Martinique – Schaufenster Frankreichs

Die 1102 Quadratkilometer große Insel ist die nördlichste der Windward-Gruppe und vulkanischen Ursprungs. Ein Drittel der Bodenfläche ist mit Regenwald bedeckt, und nicht viel größer ist die kultivierte Fläche. Sanft steigen die Berge im Norden von der steilen Küste zum Gipfel Mont Pelée, der mit 1390 Metern den höchsten Berg der Windwards bildet. Ein gewaltiges Naturereignis erschütterte am 8. Mai 1902 die Insel. Der Vulkan brach mit einer unerwarteten Kraft aus, und die Spitze des Berges flog in die Luft. Eine Glutlawine begrub die damalige Hauptstadt St. Pierre und mit ihr jede der 30 000 Seelen unter sich.

Die Insel verdankt aber auch ihre attraktive hügelige Landschaft diversen Vulkanausbrüchen. Auf der durch die tropischen Regengüsse fruchtbar gewordenen Lava wachsen viele Blumenarten, die Martinique schon bei den Arawaken den Beinamen

Ein Naturschauspiel ist die Mündung eines Flusses ins Meer. Schlamm, Geröll und Hölzer spült hier der Lézarde in die Baie de Fort-de-France und zeigt aus der Luft ein schönes Farbenspiel.

Mont Pelée, ein Vulkan, der nicht schläft. Der durch die tropischen Regengüsse fruchtbar gewordene Lavaboden an den Hängen des 1902 ausgebrochenen Vulkanriesen auf Martinique ist die Grundlage für viele Bananen- und Zuckerrohrfelder sowie die tropische Vegetation.

Bei Nacht aus westlichen Richtungen kommend, orientieren sich die Seefahrer an dem starken Leuchtfeuer auf Pointe des Nègres am Eingang in Baie de Fort-de-France (unten).

Als »Paris der Karibik« bezeichnete der Maler Paul Gauguin St. Pierre die überschäumende ehemalige Hauptstadt Martiniques. Das war, bevor der Vulkan Mont Pelée am 8. Mai 1902 um 7.50 Uhr ausbrach und nur zwei Minuten später alle Uhren zum Stehen brachte. Alle 30 000 Einwohner wurden unter einer 2000 Grad heißen und 150 Stundenkilometer schnellen Glutlawine begraben. Bis auf einen Häftling im gut geschützten Gefängnis gab es keine Überlebenden. Heute erinnert die Stadt mit ein paar Ruinen ganz leise an die verheerende Naturkatastrophe (ganz unten).

»Insel der Blumen« (»Madinia«) einbrachte. Selbst Kolumbus schwärmte in seinem Bordbuch beim Anblick vom »fruchtbarsten, süßesten, mildesten und zauberhaftesten Fleckchen Erde«.

Unter den rund 440 000 Einwohnern sind vor allem die Frauen für ihre Schönheit bekannt. Sonnenkönig Ludwig XIV. und Kaiser Napoléon fanden hier eine ihrer Gemahlinnen. Der Tourismus ist die Haupteinnahmequelle der Martinikaner, die vor allem ihre Landsleute aus Frankreich in den großen Ferien zu Zehntausenden beherbergen. In der heutigen Hauptstadt Fort-de-France müssen die Gäste auf nichts verzichten. Die Geschäfte, Restaurants und Hotels sind auf europäischem Niveau, der Verkehr auf der Insel leider auch.

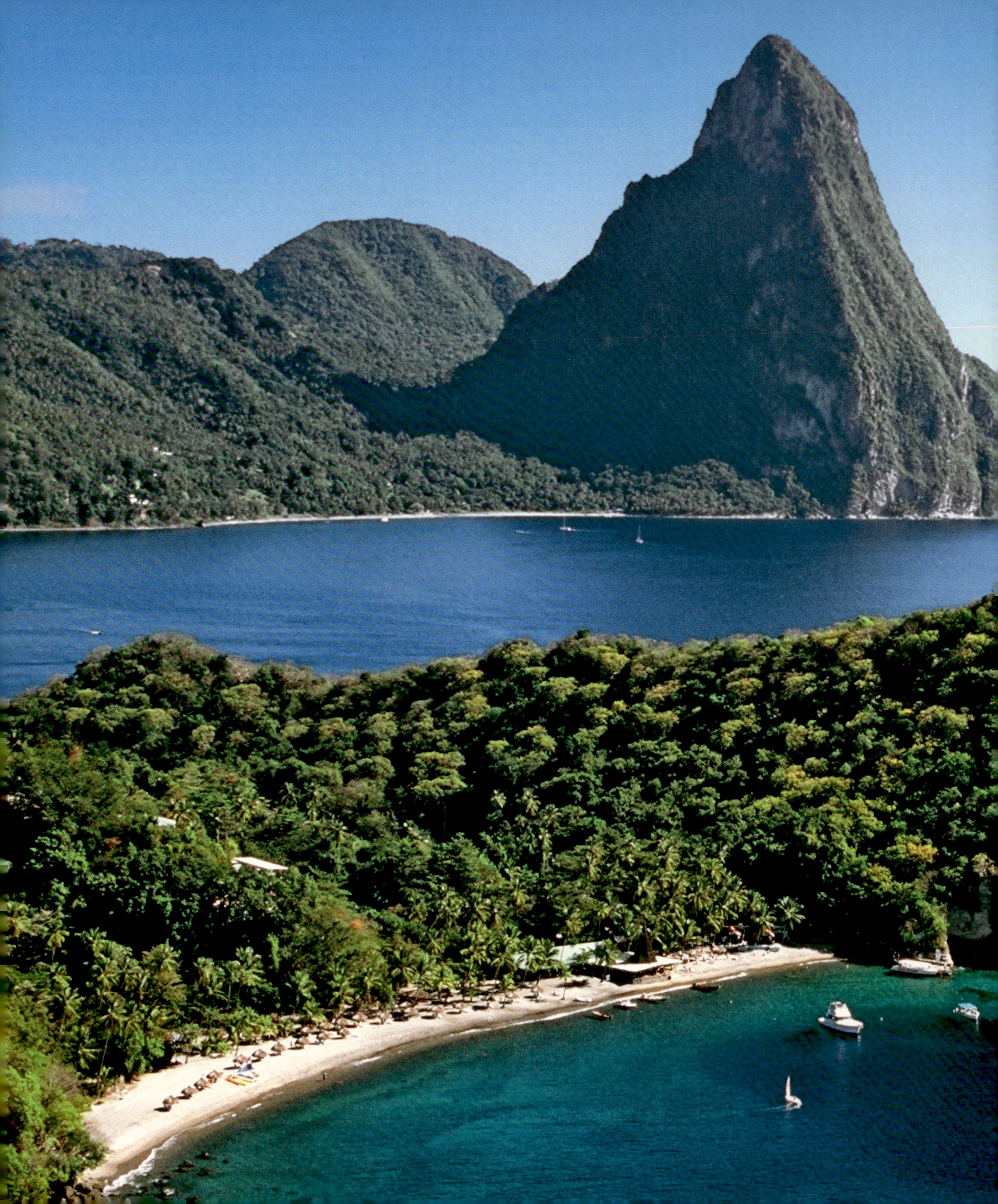

»Das Wasser ist dazu erschaffen, die wunderbaren
schwimmenden Bauwerke zu tragen, die man Schiffe nennt.«
(Fénélon, französischer Erzbischof)

ST. LUCIA – DIE SCHÖNE
HELENA DER KARIBIK

Die Bucht und der Küstenstreifen nördlich der Pitons auf St. Lucia sind Naturschutzgebiete mit Ankerverbot, festgemacht wird an Bojen, die von der Regierung ausgelegt sind. Der gesamte Bereich, besonders zwischen den Pitons, ist das Taucherparadies schlechthin.

Tauchgänge in allen Variationen werden von den örtlichen Tauchbasen angeboten (vorhergehende Doppelseite).

Port Castries ist das wirtschaftliche Zentrum und der wichtigste kommerzielle Hafen St. Lucia's für Kreuzfahrtschiffe, Bananen- und Stückgutfrachter, die sich hier drängen. In reizvoller Gegend schmiegt sich die Inselhauptstadt entlang grüner Hügel an den Tiefwasserhafen. Pointe Seraphine mit der Freihandelszone ist für Kreuzfahrttouristen das Epizentrum beim Stadtbesuch. Sehenswert sind auch das restaurierte, im viktorianischen Kolonialstil erbaute Government House und die Kathedrale im neugotischen Stil. Rund um den Derek Walcott Square liegt das Geschäftsviertel mit den letzten alten Häusern und Restaurants. Die größte Attraktion ist der Samstagsmarkt mit einem bunten Angebot an Gemüse, Fisch und handwerklich gefertigten Gegenständen (oben).

Die wohl fotogensten Vulkankegel der Welt, Gros Piton und Petit Piton, sind das weithin sichtbare Wahrzeichen der beliebten Urlaubsinsel. Heiße Dämpfe steigen gleich nebenan aus den Schwefelquellen des sogenannten »Drive-in-Vulkan«, der jährlich Tausende Touristen anlockt.

Teilweise tiefe Buchten unterbrechen die ansonsten steile Küste der Insel und bilden traumhafte Ankerplätze vor Fischerdörfern oder idyllischen Palmenstränden. Ursprünglich war die Insel fast durchgängig von Regenwäldern überzogen, die mittlerweile an vielen Stellen für Zuckerrohr-, Kakao- und Bananenplantagen abgeholzt wurden. Die Straßen schlängeln sich im Landesinneren durch die hügelige Landschaft, herrliche Ausblicke zum Meer belohnen die abenteuerliche Fahrt.

Die Marigot Bay zählt immer noch zu den Top Ten der Ankerbuchten in der Karibik. In der perfekt geschützten Bucht auf St. Lucia lag der britische Admiral Barrington in den kolonialen Kriegstagen mit seinen Kriegsschiffen vor Anker. Der alte Fuchs lag auf der Lauer, die Masten mit Palmwedeln getarnt, und konnte so seine Schiffe mit Erfolg beim plötzlichen Angriff auf die vorbeisegelnde französische Flotte bestens in Position bringen. Seit dieser Zeit hat der fotogene Ort mehrmals sein Gesicht verändert. Aus der einst einsamen Ankerbucht wurde Marina Village, ein kleines touristisches Zentrum mit Ferienhäusern, Hotels, Geschäften, einem Nobelrestaurant, Bars, Banken und einer leistungsfähigen Marina. Die Yachtchartergesellschaft Moorings hat ihre Windward-Flotte hier stationiert.

Die Kleinstadt Soufrière auf St. Lucia wurde 1955 durch einen Großbrand stark beschädigt, danach in einem nüchternen Baustil wieder aufgebaut. Nur im Ortskern gibt es noch einige typisch westindische Häuser mit Balkonen und Gingerbread-Architektur.

Abenteuerlich und wechselhaft war auch die Geschichte der schmucken Ferieninsel. Nachdem sich die Kariben bis 1660 erfolgreich jeden Eroberungsversuches europäischer Seemächte erwehrt hatten, übernahmen Engländer und Franzosen jeweils sieben Mal die Herrschaft. Erst 1814, nach über 150 Jahren hitziger Seeschlachten und Landgefechte zwischen den europäischen Rivalen, wurde St. Lucia endgültig als britische Kolonie verankert. Am 22. Februar 1979 erlangten die heute 160 000 Insulaner schließlich die Unabhängigkeit von England, blieben aber Mitglied des Commonwealth. Im gleichen Jahr erhielt der Lucianer Arthur Lewis den Nobelpreis für Wirtschaft. Genauso stolz sind die Insulaner auf ihren zweiten Nobelpreisträger, Derek Walcott, der den Preis für Literatur 1992

Das Bild zeigt die Nordwestküste von St. Lucia, oben erkennt man die Anse du Choc, gleich daneben den Stadtflughafen Jorge F. L. Charles für den innerkaribischen Flugverkehr. Im Vordergrund liegt die La Toc Bay mit dem Hotel La Toc. Dazwischen eingeklemmt befindet sich die Hafeneinfahrt von Port Castries.

erhielt. Nicht erst seitdem Prominente wie Supermodel Tyra Banks oder die Hollywood-Schauspieler Harrison Ford und Morgan Freeman hier Urlaub machen, ist die Anziehungskraft St. Lucias bekannt. Die aufgrund ihrer Schönheit auch »Schöne Helena der Karibik« genannte Insel bietet alle Angebote einer modernen Urlaubsdestination. Hotels und Ferienhäuser in allen Kategorien und mit jedem erdenklichen Luxus beherbergen Gäste aus aller Welt. Man spielt Golf und Kricket, geht zum Hochseefischen oder Segeln, taucht ein in die bunte Unterwasserwelt oder bummelt durch die 60 000 Einwohner zählende Hauptstadt Castries. In Pointe Seraphine, dem Freihandelszentrum des Hafens, gehen vor allem Kreuzfahrer in den vielen Souvenir- und Markengeschäften zollfrei einkaufen.

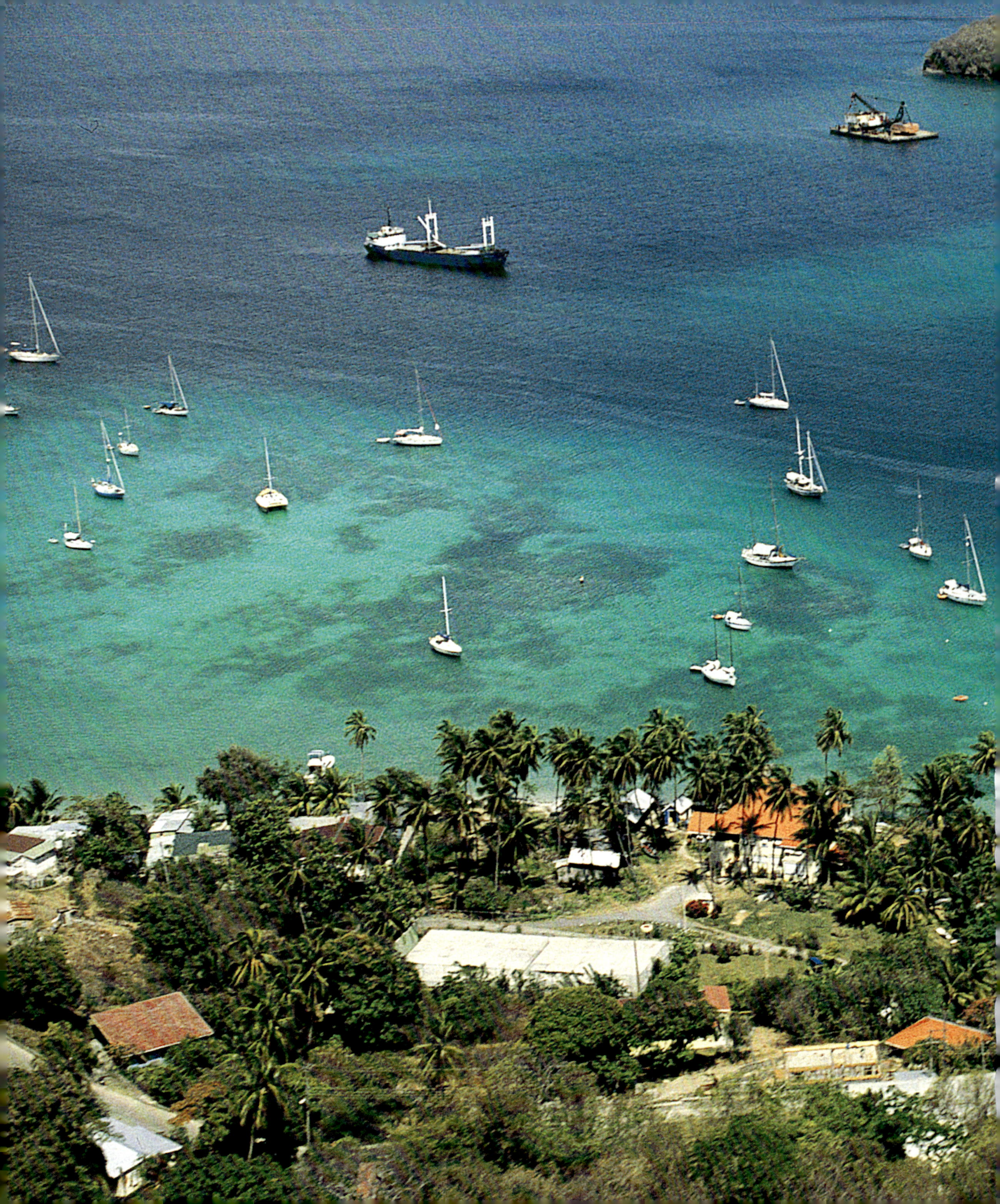

»So friedlich sind diese Menschen. Sie lieben ihre Nachbarn wie sich selbst, und ihre Rede ist angenehm und sanft, begleitet von einem Lächeln.«
(Christoph Kolumbus, Seefahrer und Entdecker)

ST. VINCENT UND DIE GRENADINEN – DIE ANDERE KARIBIK

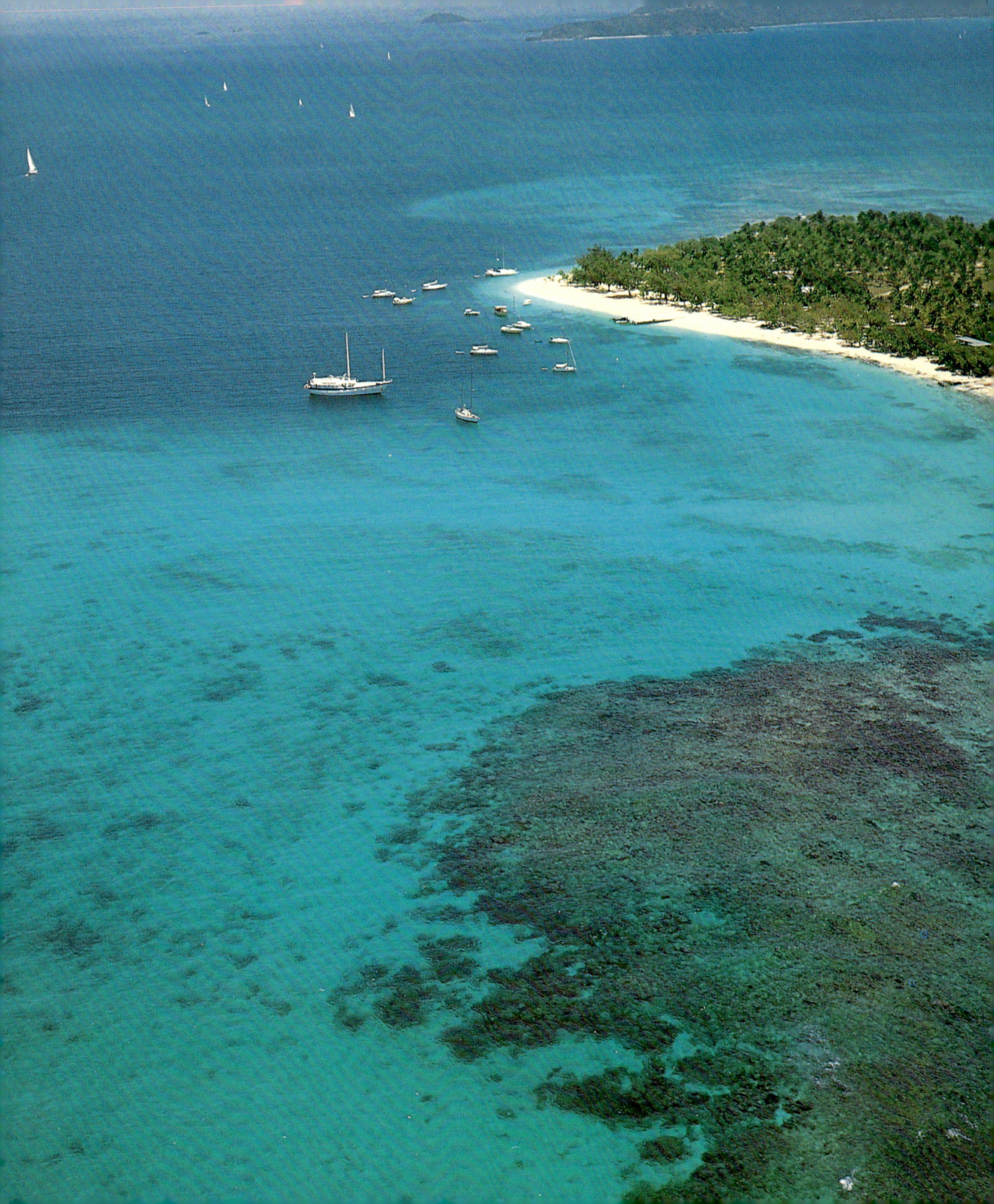

Das Zentrum der Insel Bequia bildet die traumhaft schöne Admiralty Bay. Der Hauptort ist Port Elizabeth – eine Straße entlang des Ufers mit Gotteshaus, Restaurants und Gemüsemarkt, ein karibischer Hafen voller Segelromantik. Der Naturhafen ist Etappenziel fast aller Yachten auf nördlichen und südlichen Kursen und von Weltumseglern, die im Inselbogen unterwegs sind (vorhergehende Doppelseite).

Beliebter Ankerplatz vor dem traumhaften Sandstrand der kleinen Hotelinsel Palm Island (linke Seite).

Die Hafenstadt Kingstown ist die Hauptstadt der Inselrepublik St. Vincent. Hier befinden sich auch der Regierungssitz und das Zentrum der Industrie des Landes. Bei Tag bieten die lokalen Händler in den mit Taxis überfüllten Kopfsteinpflasterstraßen ein exotisches Warensortiment an. Der Industriehafen ist kein Ort, an dem Segler ihre Yacht festmachen. Am Maindock vor der Stadt liegen nur Frachter, Fischerboote und Fähren. Im östlichen Hafenbecken ist der Cruise-Ship-Komplex mit dem neuen Cruise-Ship-Dock.

Der unabhängige Staat St. Vincent und die Grenadinen liegen mit ihren 120 000 Einwohnern zwischen St. Lucia im Norden und Grenada im Süden. Die Hauptinsel St. Vincent und die 32 Schwesterinseln und Eilande reihen sich im südlichsten Zipfel des Antillenbogens aneinander.

Vergleichbar mit Dominica hat sich die größte der Inseln, St. Vincent, mit ihrer herausragenden Vulkangebirgslandschaft, den kristallklaren Bächen und Wasserfällen sowie einem vielfältigen Tierleben im bunten Regenwald zu einer Ökodestination entwickelt. Der Tourismus wächst dennoch oder gerade deshalb deutlich zögerlicher als auf den nördlicheren Inseln St. Lucia oder Martinique.

Während die »Mutterinsel« mit ihrem steilen Vulkan Soufrière rau und wild erscheint, sind die kleinen Inseln im Süden eher sanft und flach. Unter Seglern gehört dieser Bereich zu den schönsten Revieren der Welt und der eine oder andere ist nach einem Törn für immer hier »gestrandet«. Auch für Kreuzfahrtschiffe sind Trauminseln wie Bequia, Mayreau oder die unbewohnten Tobago Cays zu Pflichtpunkten im Programm geworden. Wahre Luxustempel verwöhnen ihre Gäste auf Petit St. Vincent oder Palm Island.

Auch historisch war die Insel seit Kolumbus ein Nachzügler. Erst bei seiner dritten Reise 1498 erblickte der berühmte Seefahrer das Land. Über 250 Jahre später gelang es den englischen Eroberern, gegen den Widerstand der Ureinwohner eine erste Siedlung zu gründen und St. Vincent 1783 in die britische Kronkolonie zu integrieren. Am 27. Oktober 1979 löste sich der Inselstaat als einer der letzten in

Mopion, nördlicher Außenposten des Rundriffs um die Insel Petit St. Vincent, liegt im Hoheitsgebiet des Drei-Insel-Staates Grenada. Es ist das kleinste Eiland der Windward Islands, Synonym für karibische Träume: nur ein Sandhügel, 80 Zentimeter hoch und mit einem Sonnenschirm aus Palmwedeln geschmückt. Rundherum liegt ein Korallenriff mit einem natürlichen Aquarium voller bunter Fische.

der Karibik von Großbritannien und behielt nur Königin Elizabeth II. als Staatsoberhaupt.

Bequia

Die 5000 Einwohner auf der 18 Quadratkilometer kleinen Insel sind seit Mitte des 19. Jahrhunderts dem Walfang verbunden. Auch nach einem internationalen Übereinkommen zur Regelung des Walfangs dürfen hier jährlich Buckelwale nach der traditionellen Methode gejagt werden. Nur mit Muskelkraft schleudern dabei die Walfänger ihre Harpunen aus kleinen Holzbooten ins Ziel. Die große Walfangtradition, die auf die Walfänger aus New Bedford zurückgeht, ist jedoch weitgehend eingeschlafen. Dem letzten Helden unter den Walfängern, Aytheneal Oliverre, haben die Bewohner ein Ein-Zimmer-Museum gewidmet. Seit 1958 soll er über 70 Wale von einem kleinen Ruderboot aus harpuniert haben – stehend. Neben dem Walfang haben sich die Bequianer beim einfachen Bau von Holzschiffen unter freiem Himmel, dem klassischen Bequia-Schoner, hervorgetan. Die bescheidenen und freundlichen Insulaner sind teilweise Mischlinge der ersten Generation von schwarzen Sklavinnen und den eingewanderten schottischen Walfängern. So findet man nicht selten Menschen mit schwarzer Haut und roten Kraushaaren. Die meisten Einwohner leben heute vom Tourismus in der Hauptstadt Port Elizabeth an der großen Admiralty Bay. Hier geht fast jeder Segler vor Anker und besucht eines der zahlreichen Restaurants am sandigen Ufer.

Palm Island

Den Namen Palm Island gibt es erst seit 1970, früher stand auf den amtlichen Seekarten Bruns Island.

Der eigenwillige John Caldwell, in karibischen Seglerkreisen als »Coconut John« bekannt, segelte mit seiner Frau Mary im Jahre 1965 an der Miniaturinsel entlang. Bei John war es Liebe auf den ersten Blick. Nachdem der Pachtvertrag unter Dach und Fach war, wurden in harter Arbeit das Buschwerk abgeholzt und Kokosnüsse in den Sand gesteckt. Zug um Zug entstand mit Yankee-Know-how eine tropische Inselschönheit mit Hotelresort unter Palmen und weißem Sandstrand bis ans hellblaue Wasser.

Mayreau: ein Dorf und drei Kneipen

Die Insel Mayreau ist gerade einmal drei Quadratkilometer groß, hat drei Kneipen, drei Geländewagen und 250 gläubige Menschen, die vom Tourismus und Fischfang leben. Mayreau gehört wie Canouan, Palm Island, Union Island und Petit St. Vincent zu den »Dry Islands«. Es gibt keine Quellen, das Trinkwasser kommt vom Himmel – manchmal. Der französische Dominikanerpater Dionne baute nicht nur das kleine Gotteshaus auf der Anhöhe über dem einzigen Dorf, sondern auch eine Zisterne für die Trinkwasserversorgung.

Union Island

Nur einen Steinwurf von Mayreau entfernt liegt weiter im Süden Union Island, nur sieben Quadratkilometer groß und bergig, mit dem pulsierenden Hauptort Clifton, eine Minimetropole auf den Grenadinen. Mit dem Ausbau des Flughafens entwickelte sich der Ort als zentraler Punkt der stark expandierenden »Tagescharterindustrie«. Hotelgäste von den Nachbarinseln schweben scharenweise mit den »Inselhoppern« ein und steigen vom Flugzeug um auf alles, was schwimmt.

Ein Ort der Sehnsucht: Die halbmondförmige Ankerbucht Salt Whistle Bay im Norden von Mayreau ist das Etappenziel vieler Yachten, die in diesem Bereich unterwegs sind, manche Yachten tragen den Namen der Bucht am Heck. Hinter dem Sandstrand liegt der Salt Whistle Bay Club mit Restaurant, umgeben von Palmen und Seagrape-Bäumen. Natur pur. Die kleinen Gazebo-Behausungen sind aus Inselstein gebaut und mit Palmenstroh gedeckt für Übernachtungsgäste, die bereit sind, für die Abgeschiedenheit tief in die Tasche zu greifen.

»Perlen liegen nicht am Strand. Wenn du eine Perle
begehrst, musst du schon dafür tauchen.«
(unbekannter Autor)

DIE TOBAGO CAYS: GESCHENKE DER NATUR

Die vier unbewohnten Inseln der Tobago Cays sind für viele Segler der schönste Flecken in der gesamten Karibik (linke Seite).

Wie auf der Wäscheleine zum Trocknen hängen die farbenfrohen T-Shirts im sanften Wind und werden von den Einheimischen der Nachbarinseln am Strand von Petit Bateau zum Kauf angeboten (links).

Die wirklichen Perlen der Karibik liegen in den Tobago Cays im gleichnamigen Meerespark. Es sind die vier Eilande Petit Bateau, Petit Rameau, Baradal und Jamesby. Das Geschenk der Natur liegt im türkisblauen Wasser und wird durch das Horse Shoe Reef, ein kilometerlanges Korallenriff in Hufeisenform, gegen die Wellen des Atlantiks geschützt. Die Perlen unter Wasser sind die lichtdurchfluteten Korallengärten mit ihren bunten Fischen, die im reflektierenden Licht glänzen. An riesigen Korallenstöcken, die an Elchgeweihe erinnern, knabbern blaugrün gefärbte Papageienfische, Kugelfische gucken scheu aus den Höhlen. Privat- und Charteryachten aller Größenordnungen und auch die edlen Traditionssegler zieht es magisch hierher. Um die Natur vor den vielen Schiffen zu schützen, wurde von der Regierung vor einigen Jahren der Meerespark eingerichtet und das Ankern mit strengen Auflagen verbunden.

Petit St. Vincent

Die kleine Privatinsel Petit St. Vincent mit ihren weißen Stränden und Korallenriffen rundherum ist die südlichste Grenadineninsel, die noch zum Hoheitsgebiet von St. Vincent gehört. Der Fluchtraum in Golfplatzgröße ist für Menschen ideal, die die Anonymität suchen und weg von der automatisierten Welt, weg vom Luxus in den Sternehotels wollen. Für das spartanische Leben im PSV-Resort muss man ordentlich Bares auf den Tisch legen, außer der tropischen Natur und Einsamkeit ist nicht viel los. Es gibt, über die Insel verteilt, 22 aus grobem Lavagestein und Teakholz schnörkellos gebaute Cottages mit einem Flaggenmast davor und zwischen den Palmen am Strand einige Hängematten. Der Roomservice kommt, wenn die gelbe Flagge am Mast gehisst ist. Die rote Flagge garantiert Privatheit und Ungestörtheit. Es gibt kein TV, kein Telefon und keine sonstigen unnützen Dinge, die die Einsamkeit stören würden. Die einzige Verkehrsverbindung zur Außenwelt stellt bei Bedarf ein Fährschiffchen zur Nachbarinsel Union Island sicher.

Exklusive Einsamkeit: Petit St. Vincent aus der Vogelperspektive.

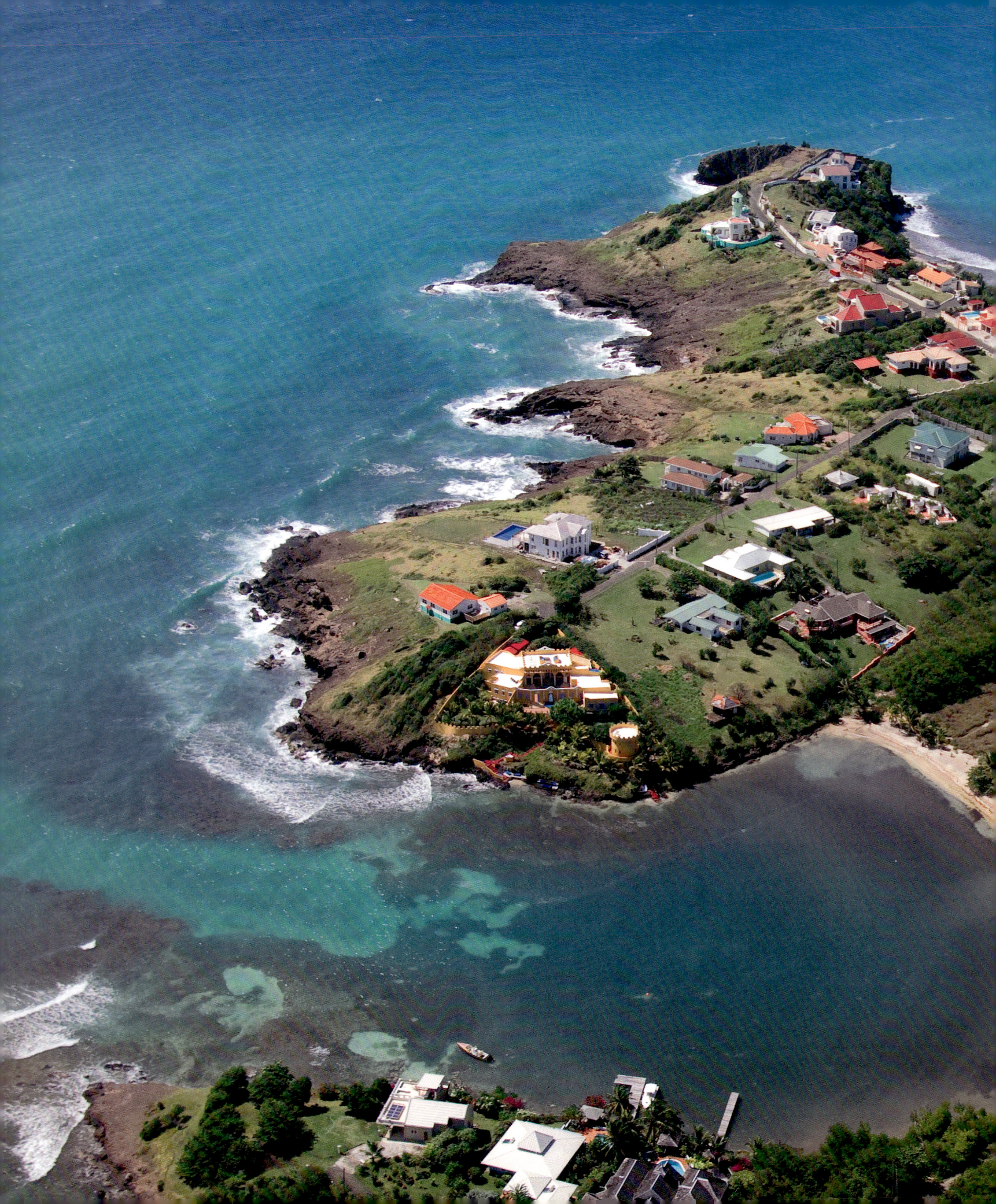

»Vielfalt ist die Würze des Lebens.«
(Ernst von Wildenbruch, Schriftsteller und Jurist)

GRENADA – DIE GEWÜRZINSEL

Prickly Point, der südlichste Punkt Grenadas. Die Landzunge L'Anse aux Epines ist das Beverly Hills von Grenada. Der Vollständigkeit halber muss man allerdings dazu sagen, dass das Haus mit dem »Leuchtturm« oben im Bild nur eine Attrappe und Kuriosität des Hausbesitzers darstellt und nicht mit einem offiziellen Leuchtfeuer zu verwechseln ist (vorhergehende Doppelseite).

Der Naturhafen Carenage im Herzen der Hauptstadt St. George's und die Lagune nebenan sind bestens geschützt. Auf der weit vorspringenden Westhuk sicherte das historische Fort George seit 1706 mit seinen Kanonen die Stadt und die Hafeneinfahrt an der Westküste Grenadas. Zu dem Aussichtspunkt mit einer herrlichen Rundumsicht führt eine steile Gasse den Hang hinauf. Um das Fort herum liegen die bunten Gebäude des General Hospital (unten).

Die Medizinische Universität SGU und der Campus liegen gleich neben der True Blue Bay (unten).

Gleich um die Südwestspitze von Grenada herum öffnet sich die tief nach Norden einschneidende Prickly Bay, ein traditioneller Ankerplatz mit Zoll- und Einreisebüro an Grenadas Südküste. Die Landzunge L'Anse aux Epines im Osten schützt die Ankerlieger in der Bucht vor den vorherrschenden Nordostwinden. Im Scheitel der Bucht liegt die Werft Spice Island Marine Service, ein erstklassiger Fachbetrieb für alle Reparatur- und Wartungsarbeiten an der Yacht (ganz unten).

Kolumbus entdeckte Grenada am 15. August 1498 auf seiner dritten Westindienreise und gab der Insel den Namen Conzepción. Doch erst im 17. Jahrhundert kolonisierten die Franzosen die Insel und wechselten sich in Folge mit den Engländern als Besitzer mehrmals ab. Eric Gary führte den Mikrostaat als erster Regierungschef 1974 in die Unabhängigkeit.

In die unrühmlichen Schlagzeilen geriet Grenada 1983, als die US-Forces mit Unterstützung einer kleinen Armee von Dominica die Insel kurzfristig besetzten. Der charismatische, marxistisch geprägte Maurice Bischop, der die Bürgerrechte stark eingeschränkt und die Wirtschaft praktisch lahmgelegt hatte, wurde mit weiteren Kabinettsmitgliedern im Fort George von der Bewegung People's Revolutionary Government hingerichtet.

Das Landschaftsbild der 345 Quadratkilometer großen Vulkaninsel ähnelt stark dem von St. Vincent. Das zentrale Bergmassiv besteht aus mehreren Bergrücken und ist schier von undurchdringlichen Regenwäldern überzogen. Die Hurrikane »Ivan« 2004 und »Emily« 2005 haben auf der Insel an Plantagen, Häfen und Infrastruktur Schäden in Milliardenhöhe angerichtet. Die tropische Natur hat sich dagegen erstaunlich schnell wieder erholt. Neben dem Tourismus ist die Landwirtschaft eine tragende Säule der Wirtschaft. Der Muskatnussanbau hat einen Anteil von etwa 30 Prozent an der Weltproduktion, daneben werden Gewürze wie Zimt, Nelken und Kakao exportiert. Für Fremde bietet das Naturparadies Grenada einen herrlichen Zufluchtsort mit einer Fülle von Eindrücken – für

Im Scheitel der Calivigny Bay an der Südküste Grenadas liegt eingebettet im Grün der tropischen Landschaft Le Phare Bleu Marina & Resort. Die Marina mit 60 Liegeplätzen ist eine sogenannte Full-Service-Marina. Das Resort besteht aus neun bestens ausgestatteten Bungalows und einer Luxusvilla mit Pool, zwei Restaurants und Servicebetrieb. Solide gebaut und gemanagt von dem Schweizer Eigentümerpaar Jana Caniga und Dieter Burghalter. Die Marina mit der Ferienanlage ergänzt den Service auf Grenada geradezu perfekt. Der Ort hat sich in den vergangenen Jahren zum »Heimathafen« für Segler aus allen Ländern entwickelt, die Marina ist rund um die Uhr bewacht, man kennt sich, und der Service ist ausgezeichnet.

Die vier Fotos dieser Doppelseite wurden alle an der Südküste Grenadas aufgenommen: Die Clarke's Court Bay Marina liegt im nordwestlichen Teil der gleichnamigen Bucht und ist gegen Wind und Seegang bestens geschützt (unten).

Hog Island Anchorage, gleich hinter Hog Island, ist eines der beliebten herrlichen kleinen »Löcher«, weit weg vom Trubel, wo der Anker fällt, wenn man ungestört sein möchte. Mit dem Beiboot und der Taucherbrille kann man die nahe gelegene

Unterwasserwelt erforschen oder an den Uferzonen im Gestrüpp der Mangroven Vögel beim Fischfang beobachten (Mitte).

Südwestlich vom internationalen Flughafen öffnet sich die True Blue Bay, dort findet man das gleichnamige Resort mit Marina. Der kleine Hafen beherbergt die Yachtcharterfirma Spice Island und die Tauchbasis Aquanauts Dive Center (ganz unten).

Kreuzfahrer oft nur für Stunden, für Hoteltouristen für Wochen, für Segler manchmal für Monate. Eine Insel zum Wiederentdecken der Natur.

St. George's ist die Hauptstadt des Inselstaates und mit ihrem kolonialen Stadtbild eine der reizvollsten Städte der Windward Islands. Die Stadt liegt malerisch mit ihren traditionell rot gestrichenen Hausdächern rund um die Hügel des hufeisenförmigen Naturhafens. Per Gesetz dürfen Häuser nicht höher als eine ausgewachsene Palme gebaut werden. In den Gassen entlang der Carenage, dem alten Hafenviertel, stehen alte Kolonialbauten und typisch westindische Häuser, bunt bemalt in Pastelltönen, mal zusammengeflickt, mal restauriert.

Grenadas Südküste

Um die Felsnase Pointe Salines herum beginnt Richtung Ost die Südküste von Grenada mit ihren traumhaft schönen Buchten, Hurrikanschlupflöchern und natürlichen Häfen. Das Bild des Küstenstreifens hat sich in den vergangenen Jahren durch die rasante Bebauung völlig verändert, leider auch zum Schaden der Landschaft mit allen damit verbundenen Folgen. Ein wahrer Bauboom mit Hotels, Villen und Resorts im oberen Preissegment spricht allerdings auch für die wirtschaftliche Leistung von Grenada. Auch neue Marinas, Reparatur- und Servicebetriebe für Yachten aller Größenordnungen liegen dicht an dicht entlang der Südküste.

Hier öffnet sich die riesige Clarke's Court Bay. Die Bucht wird im Süden durch Calivigny Island und vorgelagerte Riffe bestens geschützt. Die enge Riffpassage, im Bild gut zu erkennen, führt zur weiter im Norden gelegenen Clarke's Court Bay Marina.

ALLGEMEINE INFORMATIONEN UND HINWEISE

Reisezeit
Das tropische Klima innerhalb der Karibik ist für den aus den gemäßigten Breiten kommenden Touristen am schönsten und angenehmsten von Dezember bis April. In dieser Zeit ist es leider aber auch am teuersten. Wenn wirtschaftliche Gesichtspunkte mit in die Reiseplanung einfließen, sind die Monate Mai, Juni und November die beste Reisezeit.

Wetter
Gemäßigtes Tropenklima. Geringe jahreszeitliche Schwankungen. Wassertemperaturen und Windverhältnisse sind geradezu ideal, der Passatmechanismus garantiert selbst bei 30 °C eine angenehme Kühle. Nachts gehen die Temperaturen etwas zurück.
Aber jedes Paradies hat auch seine Schattenseite. Gelegentlich wird das Passatwetter und der Lebensrhythmus der Inselbewohner von einem der gefürchteten tropischen Wirbelstürme heimgesucht. Die neue offizielle Hurrikanzeit wird von den Behörden von Mai bis Ende November angegeben.

Anreise und Einreiseformalitäten
Bürger der Europäischen Union benötigen für die Einreise auf die Inseln der Kleinen Antillen einen sechs Monate gültigen Reisepass. Für die Einreise und den Transit auf San Juan und den US Virgin Islands sind die aktuellen Einreisebestimmungen der USA zu beachten.
USA: Für Fluggäste, zum Beispiel Deutsche, die im Rahmen des Visa-Waiver-Programms ohne Visum in die USA einreisen, bestehen seit dem 12. Januar 2009 neue Einreisebestimmungen. Jetzt müssen sich alle Passagiere rechtzeitig vor Reiseantritt über das »Electronic System for Travelauthorization«, kurz ESTA, online registrieren lassen. Mehr Informationen unter www.esta.cbp.dhs.gov.

Flugverbindungen
Transatlantik:
Condor: fliegt nach Grenada und Antigua von allen deutschen Flughäfen mit modernen Boeing-767-Flugzeugen und bietet auf allen Strecken Comfort Class und Tourist Class Plus an.
Air France/KLM: fliegt von allen deutschen Flughäfen nach St. Maarten, Guadeloupe, Martinique mit Umsteigen in Frankfurt, Amsterdam oder Paris an.
Lufthansa: bietet eine Strecke über Miami, San Juan/Puerto Rico zu den Virgin Islands an.
British Airways: fliegt via London nach Antigua, St. Lucia, St. Kitts und Grenada.
Inselhüpfen:
American Eagle: hat die besten Verbindungen von San Juan zu den Virgin Islands.
Liat: hat seine Home Base auf Antigua und operiert von dort mit einem dichten Flugnetz sternförmig zu allen Inseln im Antillenbogen bis San Juan.
SVG Air: ist spezialisiert auf Kurzstrecken und Air-Taxi-Service zwischen St. Lucia und Grenada.

Telefonieren
GSM-Mobilfunknetze arbeiten flächendeckend an Land und entlang der gesamten Inselkette. Sogar auf offener See zwischen den Inseln hat man immer häufiger Netzverbindungen.

Währungen und Devisen
Innerhalb der Kleinen Antillen sind vier offizielle Landeswährungen im Umlauf:
Virgin Islands: US-Dollar ($)
Französische Antillen: Euro (€)
Niederländische Antillen: Niederländische Antillengulden, akzeptiert werden Euro (€) und US-Dollar ($)
Englischsprachige Inseln: East Caribbean Dollar (EC$) 1 US$ = 2,72 EC$
Kreditkarten werden überall gerne akzeptiert.

Gesundheit
Das Auswärtige Amt bietet für die Einreise in die Karibik aktuelle Ratschläge auf seiner Internetseite www.auswaertiges-amt.de. Es ist ratsam, vor der Abreise eine zusätzliche private Reisekrankenversicherung abzuschließen, welche die finanziellen Risiken bei einer Erkrankung während der Reise besser abdeckt.

Zeitzone
In der östlichen Karibik gilt die Atlantic Standard Time, MEZ minus 5 Stunden, in der europäischen Sommerzeit MESZ minus 6 Stunden.

Nützliche Internetadressen
Puerto Rico Tourism Company
www.gotopuertorico.com/de

US Virgin Islands Touristboard
www.usvitourism.vi

British Virgin Islands Tourist Board
bvi@travelmarketing.de
www.britishvirginislands.de

Anguilla Tourist Board
anguilla@exclusiveanddifferent.com
www.anguilla-vacation.com

Antigua and Barbuda Department of Tourism
antigua-barbuda@karibik.de
www.karibik.de/antigua-barbuda

Montserrat Tourism Board
www.montserrattourism.ms

Fremdenverkehrsbüro von Guadeloupe
fva.guadeloupe@t-online.de
www.karibik.de/guadeloupe
www.lesilesdeguadeloupe.com

Maison de la France
info.de@franceguide.com
www.insel-martinique.de

St. Lucia Tourist Board
info@stlucia.org
www.stlucia.org

St. Vincent & The Grenadines Tourist Office
svgtourismeurope@aol.com
www.svgtourism.com

Grenada Board of Tourism
grenada@discover-fra.com
www.grenadagrenadines.com/germany

Register

Admiralty Bay, Bequia 131
Alliance-Brücke, Guadeloupe 91
American Yacht Harbor,
  St. Thomas 25, 27
Anguilla 56
Annaberg, St. John 30
Anse d'Arlet, Martinique 117
Anse Deshaies, Guadeloupe 93
Anse du Choc, St. Lucia 127
Anse Marcel, St. Martin 64

Bahia de Sardinas, Culebra 15
Bahia Demajagua,
  Puerto Rico 11
Baie de Columbier,
  St. Barthélemy 69
Baie de Fort-de-France,
  Martinique 119
Baie des Cyclones,
  Martinique 115
Baie des Flamands,
  Martinique 118
Barbuda 78
Basse-Terre, Guadeloupe 91
Baugher Bay, Tortola 35
Benner Bay, St. Thomas 31
Benner Bay Lagoon,
  St. Thomas 22
Better End, Virgin Gorda 50
Bitter End Yacht Club,
  Virgin Gorda 38
Bourg des Saintes,
  Îles des Saintes 101
Broken Jerusalem 43
Bucht von Ste. Anne,
  Martinique 116

Calivigny Bay, Grenada 140
Cap Juluca, Anguilla 57
Carenage, Grenada 138
Charlotte Amalie,
  St. Thomas 18
Christmas Cove, St. James 24
Chutes-du-Carbet-Wasserfälle,
  Guadeloupe 96
Clarke's Court Bay Marina,
  Grenada 141, 142
Clarke's Court Bay,
  Grenada 142
Club Med Les Boucaniers,
  Martinique 116
Cocoa Bay, Barbuda 79

Cocoa Point, Barbuda 78
Cowpet Bay, St. Thomas 21
Cruz Bay, St. John 26
Cul de Sac Frégate,
  Martinique 114
Cul de Sac, Guadeloupe 90
Cul-de-Sac du Marin,
  Martinique 115
Culebra 15
Current Hole, St. James 24

Deadman's Bay, Peter Island 41
Deep Bay, Antigua 82, 86
Deshaies, Guadeloupe 93
Dewey, Culebra 15
Dums Point, Antigua 85

East End, St. John 31
English Harbour, Antigua 81

Fajardo Bay, Puerto Rico 12
Fallen Jerusalem 43
Fish Cay 24
Five Island Harbour, Antigua 86
Fort Burt, Tortola 35
Fort Cachacrou, Dominica 108
Fort-de-France, Martinique 118
Fort George, Grenada 138
Fort James, Antigua 78
Fort Shirley, Dominica 110
Fort St. Louis, Martinique 118
Freemans Bay, Antigua 81

Gabarre-Brücke, Guadeloupe 91
Gorda Sound, Virgin Gorda
  38, 49
Grand Cul-de-Sac Marin,
  Guadeloupe 96
Grand Ilet 104
Grande-Terre, Guadeloupe 91
Great Harbour,
  Jost Van Dyke 45
Great Harbour, Peter Island 40
Green Island 87
Groote Baai, St. Maarten 67
Gros Ilets, St. Barthélemy 70
Gustavia, St. Barthélemy 68, 70

Halbinsel Cabrit, Dominica
  108, 110
Hawksnest Bay, St. John 21
Hodges Creek, Tortola 36

Hog Island 141
Hog Island Anchorage,
  Grenada 141

Ilet a Cabrit 104
Îlet du Gosier, Guadeloupe 90
Îlet Frégate, Martinique 114
Îlet Pinels 63, 65
Isleta Marina, Puerto Rico 12

Jolly Harbour & Resort,
  Antigua 82

Kingstown, St. Vincent 131

La Toc Bay, St. Lucia 127
L'Anse aux Epines,
  Grenada 138, 139
Le Phare Bleu Marina & Resort,
  Grenada 140
Leverick Bay Resort & Marina,
  Virgin Gorda 50
Lézarde, Martinique 119
L'Ilet Caret 94
Little Harbour 49

Malliouhana Hotel, Anguilla 56
Manchioneel Bay 46
Marigot Bay, St. Lucia 125
Marina Bas-du-Fort,
  Guadeloupe 90, 91
Marina Cay 46
Marina du Saint François,
  Guadeloupe 96
Marina Le Marin,
  Martinique 115
Marina Port de Rivière Sens,
  Guadeloupe 92
Marina Puerto del Rey,
  Puerto Rico 11
Marina Village, St. Lucia 125
Marriott Frenchman's Reef Hotel,
  St. Thomas 20
Maunday's Bay, Anguilla 57
Maya Cove, Tortola 36
Mayreau 133
Mead's Bay, Anguilla 56
Mont Pelée, Martinique 120
Montserrat 74
Mopion, Petit St. Vincent 132
Morris Bay, Antigua 83
Mosquito Island 51

Muhlenfelds Point,
  St. Thomas 20
Muller Bay, St. Thomas 27

Necker Island 51
Nelson's Dockyard, Antigua 81
Nonsuch Bay 87

Ordnance Bay, Antigua 81
Orient Bay, St. Martin 62

Palaminitos, Puerto Rico 14
Palm Island 131
Paraquita Bay, Tortola 37
Passe à Colas 95
Pelican Island 40
Peter Island 40, 43
Peter Island Resort & Yacht
  Harbour, Peter Island 41
Petit Bateau 135
Petit St. Vincent 132, 135
Philipsburg, St. Maarten 67
Pitons, St. Lucia 124
Pointe-à-Pitre, Guadeloupe 92
Pointe des Nègres,
  Martinique 121
Pointe du Vieux Fort,
  Guadeloupe 90
Pointe Seraphine, St. Lucia 124
Pont Pierre, Îles des Saintes 103
Port Castries, St. Lucia 124, 127
Port Elizabeth, Bequia 131
Portsmouth, Dominica 108
Prickly Bay, Grenada 139
Prickly Point, Grenada 138
Prince Rupert Bay,
  Dominica 108, 110

Radisson Marina, St. Martin 64
Red Hook, St. Thomas 25
Rex Resort Hawksbill,
  Antigua 86
Rickett Harbour 87
Rivière Salée, Guadeloupe 94
Road Bay, Anguilla 58
Road Harbour, Tortola 35, 44
Road Reef Marina, Tortola 35
Road Town, Tortola 44
Rocher du Diamand,
  Martinique 116
Roseau, Dominica 109
Round Rock Passage 43

Saba 74
Salt Island 43
Salt Whistle Bay, Mayreau 133
San Juan, Puerto Rico 8, 11, 13
Sandy Ground Village,
  Anguilla 58
Sandy Island 59
Sandy Spit 46
Scott's Head, Dominica 108
Shirley Heights Lookout,
  Antigua 81
Simpson Bay Lagoon,
  St. Maarten 63
Simpson Bay Marina,
  St. Maarten 62
Simpson Bay, St. Maarten 63
Snoopy Island 62
Soper's Hole Marina, Tortola 37
Soper's Hole, Tortola 34
Soufrière, St. Lucia 126
Soufrière, Vulkan,
  Montserrat 74
Spice Island Marine Service,
  Grenada 139
Sprat Bay, Peter Island 41
St. Eustatius 75
St. George's, Grenada 138
St. James Island 24
St. John's Harbour,
  Antigua 82, 84
St. Pierre, Martinique 121
Steele Point, Tortola 34

Terre de Haut, Îles des Saintes
  100, 103, 104
The Baths, Virgin Gorda 19, 49
The Bight, Norman Island 38
The Indians, Pelican Island 40
The Quill, Vulkan,
  St. Eustatius 75
True Blue Bay, Grenada 139, 141
Trunk Bay, St. John 28

Vessup Bay, St. Thomas 25
Viques 15
Virgin Gorda Yacht Harbour,
  Virgin Gorda 49

Waterlemon Bay, St. John 18
White Bay, Jost Van Dyke 45
Wyndham Sugar Bay Resort,
  St. Thomas 20